D1723723

Alles Gute für
dein Leben .....
und immer eine
Weisheit auf Lager
und einen Spruch
auf den Lippen wünscht
Dir Deine Schwiegermama!

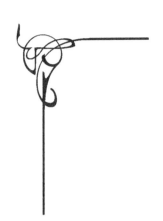

365 Weisheiten und Sprüche für die hilfsbereite Jungfrau

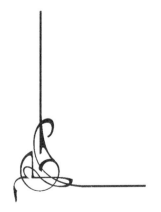
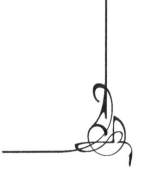

365 Weisheiten und Sprüche für die hilfsbereite Jungfrau

tosa

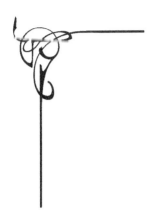
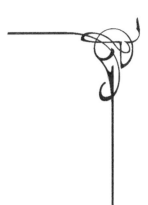

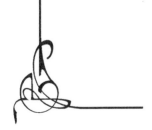

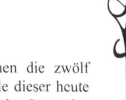

VORWORT

Fragt man nach, können die meisten Menschen die zwölf Sternbilder des Tierkreiszeichens benennen. Viele dieser heute gebräuchlichen Namen haben ihren Ursprung in den Legenden des antiken Griechenland, wo die Götter und Heldengestalten mit den verschiedenen Sternformationen in Verbindung gesetzt wurden.

Das, was man heute jedoch allgemein als „geboren im Sternzeichen" bezeichnet, bedeutet astrologisch, dass die Sonne in diesem Tierkreiszeichen steht. Der Tierkreis entspricht der Bahn, die die Sonne aus Sicht der Erde in einem Jahr vollzieht. Er ist ein „gedachter" Kreis um die Erde, der in zwölf 30-Grad-Abschnitte eingeteilt ist. Der Tierkreis ist letztlich also nichts anderes als die in zwölf Stationen geteilte Sonnenlaufbahn.

Die zwölf Tierkreiszeichen beschreiben verschiedene Varianten des menschlichen Verhaltens bzw. zwölf Charaktertypen, wobei wir Menschen natürlich Mischungen der einzelnen Charaktere mit allerdings besonderen Schwerpunkten sind.

Die größten Dichter, Poeten und Philosophen der Menschheit haben sich mit den verschiedensten Charaktereigenschaften aus-

einandergesetzt und kleideten ihre Gedanken in treffendste Aphorismen. Ob von Euripides oder Sokrates, von William Shakespeare bis Oscar Wilde oder George Bernard Shaw, von Friedrich von Schiller, Marie von Ebner-Eschenbach bis hin zu Wilhelm Busch – um hier nur einige zu nennen –, wurden von den Autoren die besten Zitate und Aphorismen zusammengetragen, zu Ihrer Freude, zum Schmunzeln, aber auch zum Nachdenken.

Vielleicht glauben Sie nicht an die Macht Ihres Tierkreiszeichens, aber:

HABEN SIE NOCH NIE IHR HOROSKOP GELESEN?

*Ein guter Aphorismus ist die Weisheit eines ganzen Buches
in einem einzigen Satz.*

Theodor Fontane
30. 12. 1819 bis 20. 9. 1898
dt. Schriftsteller

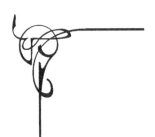

JUNGFRAU

24. August bis 23. September

VIRGO

Die Jungfrau und ihr Engel:

Tierkreiszeichenengel: Hamaliel

„Lausche auf die Botschaft der Engel,
die vom Göttlichen künden"

Motto des Tierkreiszeichenengels:
„Ich analysiere"

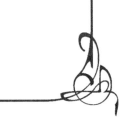

7

TAG DER WOCHE	Mittwoch
GLÜCKSSTEIN	Saphir, Jaspis, Smaragd, Topas
FARBEN	Weiß, Gelb, Grün, Olivgrün
BLUMEN	Eisenkraut, Hyazinthe
DÜFTE	Lavendel, Tabak
TIERE	Hund, Schwalbe

POSITIVE EIGENSCHAFTEN

hilfsbereit
distanziert
fleißig
logisch
gesundheitsbewusst
sparsam
sauber
ordentlich

NEGATIVE EIGENSCHAFTEN

kritisch
ängstlich
übervorsichtig
unzufrieden
kleinlich

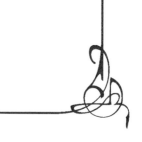

Ordnen, reinigen, sortieren, die Trennung der Spreu vom Weizen, das ist das Prinzip der Jungfrau, genauso wie das Symbol der Reinheit. Die Jungfrau verschleudert nichts. Sie ist stets darauf bedacht, etwas Vorrat zu haben, neigt zu Sparsamkeit und kann sich einschränken, wenn es notwendig ist. Jungfrauen müssen auch immer etwas zu tun haben. Sie verfügen meist über ein beachtliches Wissen, lernen leicht und sind eher nervöse Persönlichkeiten. Ihr Sinn für Korrektheit und Ordnung kann ihnen einen beißenden Sinn für Kritik verleihen. Jungfrauen sind gute Analytiker, doch undurchschaubar, denn sie will ihre Persönlichkeit vor fremden Blicken verborgen halten. Die Jungfrauen brauchen Lob. Aus Angst vor Misserfolg kommt es leicht zu Überanstrengung.

Verträgliche Sternzeichen:
Stier und Steinbock

Entgegengesetztes Sternzeichen:
Fische

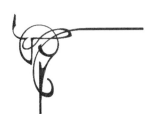
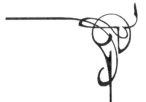

1. JANUAR

Die rationale Analyse ist oft ein wunderbares Talent; die Einsicht des Herzens und der Einblick der Seele sind eine noch größere Gabe.

In früheren Jahren bediente man sich der Folter.
Heute bedient man sich der Presse.
Oscar Wilde

2. JANUAR

Wirklich gute Freunde sind Menschen, die uns ganz genau kennen und trotzdem zu uns halten.

Wo das Wissen aufhört,
fängt der Glaube an.
Aurelius Augustinus

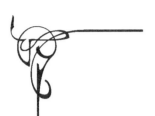
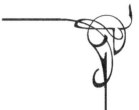

3. JANUAR

Lass Ordnung dein Diener sein, nicht Herr.

Gaben, wer hätte die nicht?
Talente – Spielzeug für Kinder,
erst der Ernst macht den Mann,
erst der Fleiß das Genie.

Theodor Fontane

4. JANUAR

Wenn es einen Glauben gibt, der Berge versetzen kann, so ist es
der Glaube an die eigene Kraft.

Als Erstes im Bankgeschäft lernt man
den Respekt vor der Null.

Carl Fürstenberg

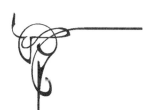
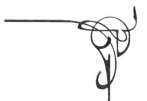

5. JANUAR

Suche nicht das Abenteuer, aber gehe ihm auch nicht aus dem Weg.

*Männer und Frauen
sind nur mit Willen ungetreu.*

Johann Wolfgang von Goethe,
Wilhelm Meisters Wanderjahre

6. JANUAR

Der Wille, gesund zu werden, ist stärker als der Wille, gesund zu bleiben.

*Wohlstand ist das Durchgangsstadium
von der Armut zur Unzufriedenheit.*

Helmar Nahr

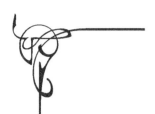
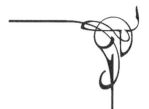

7. JANUAR

Astrologen glauben in den Sternen die Zukunft lesen zu können,
obwohl von dort nur das Licht aus der Vergangenheit zu uns
kommt.

Formeln meines Glücks:
Ein „Ja", ein „Nein", eine gerade Linie, ein Ziel.
Friedrich Nietzsche

8. JANUAR

Wer trübe Fenster hat, dem erscheint alles grau.

Wo dein Schatz ist,
da ist auch dein Herz.

Bibelzitat,
Matthäus 6,21

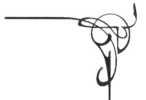

9. JANUAR

Vergeben und vergessen, anderen Menschen und auch sich selbst die Chance zum Neubeginn einzuräumen, wird dich auf deinem Lebensweg wesentlich voranbringen.

Wohltat am falschen Ort
ist auch eine Übeltat.
Cicero

10. JANUAR

Wenn einer keine Angst hat, hat er keine Fantasie.

Keine Kunst ist's alt zu werden;
Es ist Kunst, es zu ertragen.
Johann Wolfgang von Goethe,
Gedichte

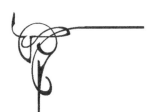
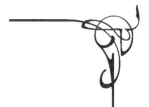

11. JANUAR

Die kritische Jungfrau fühlt sich bestätigt, wenn man glaubt,
dass das Gute siege. Denn – man sollte nur genau hinschauen.

*Höhepunkt des Glücks ist es,
das zu sein, was man ist.*
Erasmus von Rotterdam

12. JANUAR

Mit Absichten kann man nicht berühmt werden.

*Wenn das Können fehlt,
ist die Absicht zu loben.
(Ut desint vires,
tamen est laudanda voluntas.)*
Ovid

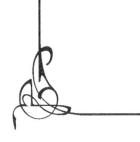

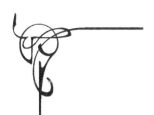
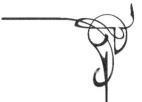

13. JANUAR

Meist beginnt man nicht seine Gesundheit zu erhalten, sondern das, was davon übrig geblieben ist.

Wer die Wahrheit nicht fürchtet,
braucht auch die Lüge nicht zu fürchten.
Thomas Jefferson

14. JANUAR

Nutze Ordnungsprinzipen, um das Leben einfacher, schöner und fröhlicher, nicht aber, um es beschwerlicher zu machen.

Von einer schweren Kränkung
kann man sich nur erholen,
indem man vergibt.
Alan Paton

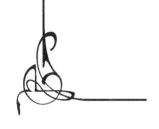

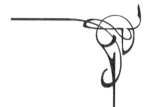

15. JANUAR

Der hilfsbereiten Jungfrau wird selten gedankt. Doch um einen Dankbaren zu finden, lohnt es sich, sich auch mit Undankbaren einzulassen.

Vernissagenbesucher sind unzuverlässig:
Was sie loben, kann gut sein.
Karl Kraus

16. JANUAR

Man muss schon etwas wissen, um verbergen zu können, dass man nichts weiß.

Wer gar zu viel bedenkt, wird wenig leisten.
Friedrich von Schiller,
Wilhelm Tell

17. JANUAR

Jungfrau gib acht! Auch wenn es heißt: „Heiliger Sankt Florian, verhüt mein Haus, zünd andere an", so denke an den Spruch des Horaz, der sagte: „Es handelt sich auch um deine Sache, wenn die Wand des Nachbarn brennt!"

Staunen ist der erste Schritt
zu einer Erkenntnis.
Louis Pasteur

18. JANUAR

Sauberkeit: Wer reinigt, entfernt nichts, sondern verteilt nur anders.

Ein alter Freund ist besser als zwei neue.
Russisches Sprichwort

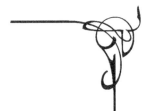

19. JANUAR

Durch Eintracht wächst Kleines, durch Zwietracht zerfällt das Größte.

Der Krieg ist die Fortsetzung der Staatspolitik
mit anderen Mitteln.
Karl von Clausewitz

20. JANUAR

Gönne dir die Freude am Schönen, an der Leichtigkeit des Seins, um das Potenzial der Partnerschaft aufblühen zu lassen.

„Wir" sagen und „Ich" meinen
ist eine von den ausgesuchtesten Kränkungen.
Theodor Adorno,
Minima Moralia

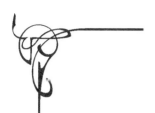
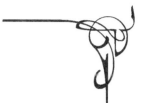

21. JANUAR

Die Erhaltung der Gesundheit ist eine Pflicht. Nur wenige sind sich bewusst, dass es so etwas wie eine körperliche Moral gibt.

Charme ist Charakter,
der sich von seiner schönsten Seite zeigt.
Lothar Schmidt

22. JANUAR

Der mutigen Jungfrau hilft das Glück, nicht jedoch der zögernden.

Wo kein Gewinn zu hoffen,
droht Verlust.
Friedrich von Schiller,
Die Braut von Messina

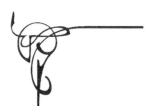

23. JANUAR

Geld zu besitzen ist eine noch größere Tortur, als es zu erwerben.

Wer in seinen Mitteln nicht wählerisch ist,
sollte es wenigstens in seinen Zielen sein.
Gerd Gaiser

24. JANUAR

Nenne dich nicht arm, weil deine Träume nicht in Erfüllung
gegangen sind; wirklich arm ist nur, der nie geträumt hat.

Was ist herrlicher als Gold?
Das Licht.
Was ist erquicklicher als Licht?
Das Gespräch.
Johann Wolfgang von Goethe

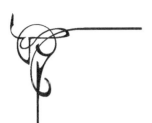
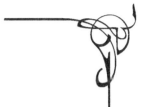

25. JANUAR

Schmiede das Eisen, solange es heiß ist.

Wie mit den Füßen,
so darf man auch mit den Hoffnungen
nicht zu weit ausholen.
Epiktet

26. JANUAR

In der ersten Hälfte unseres Lebens opfern wir unsere Gesundheit, um Geld zu erwerben, in der zweiten Hälfte opfern wir unser Geld, um die Gesundheit wiederzuerlangen. Und während dieser Zeit gehen Gesundheit und Leben von dannen.

Musik ist die Sprache der Leidenschaft.
Richard Wagner

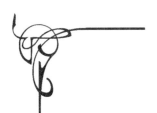
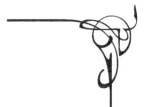

27. JANUAR

Der muss viele fürchten, den viele fürchten.

Corriger la fortune.
(Das Glück ein wenig „manipulieren!")

Gotthold Ephraim Lessing,
Minna von Barnhelm

28. JANUAR

In allen Dingen lass dir einen Ausweg und hoffe nicht, dass etwas ein zweites Mal nach Wunsch verläuft.

Es gibt nicht nur einen einzigen Tod.
Der Tod, der uns dahinrafft,
ist nur der letzte.

Seneca

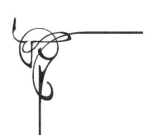

29. JANUAR

Unverhofft kommt oft.

*Gewissen Geistern
muss man ihre Idiotismen lassen.*

Johann Wolfgang von Goethe,
Maximen und Reflexionen

30. JANUAR

Die meisten Menschen halten sich beharrlich die Ohren zu, nur um sagen zu können, sie haben die Hilfeschreie nicht wahrgenommen.

*Es braucht zu allem ein Entschließen,
selbst zum Genießen.*

Eduard Bauernfeld

24

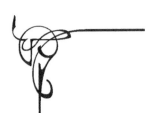
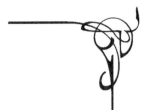

31. JANUAR

Ein gebranntes Kind scheut das Feuer.

Sie sind wohl über Ihr Ufer getreten, Sie Rinnsal!
(Im Bundestag zu einem Zwischenrufer.)
Herbert Wehner

1. FEBRUAR

Die Macht der Logik hilft Fragen zu beantworten. Die Logik der Macht liquidiert den Fragesteller. Schließe also immer sofort Frieden mit der Macht der Logik, aber kapituliere nie vor der Logik der Macht.

Es sind die kleinen Rechthabereien,
die eine Liebe zerstören können.
Max Frisch

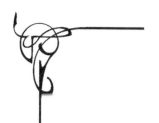
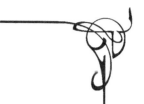

2. FEBRUAR

Schändlich ist es, sich selbst zu rühmen.

Was kann der Schöpfer lieber sehen
als ein fröhliches Geschöpf.

Gotthold Ephraim Lessing,
Minna von Barnhelm

3. FEBRUAR

Dass du erkennest im Herzen und anderen auch es verkündest,
wie viel besser es sei, gerecht als böse zu handeln.

Aber hier, wie überhaupt,
kommt es anders, als man glaubt.

Wilhelm Busch,
Plisch und Plum

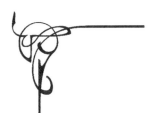
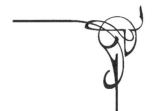

4. FEBRUAR

Wer ständig jammert, dass ihn andere ärgern, verschweigt gerne, dass er andere ärgert.

Nichtstun ist immer noch besser als Faulenzen.
Werner Mitsch

5. FEBRUAR

Willst du beliebt sein, dann verkaufe auf Borg und verlange nicht das Geld zurück.

Der Scharfsinn verlässt
geistreiche Männer am wenigsten,
wenn sie unrecht haben.
Johann Wolfgang von Goethe,
Maximen und Reflexionen

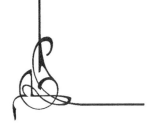

6. FEBRUAR

Wer die Wahrheit hören will, den sollte man vorher fragen, ob er sie ertragen kann.

Ein armer wohltätiger Mensch
kann sich manchmal reich fühlen,
ein geiziger Krösus nie.
Marie von Ebner-Eschenbach

7. FEBRUAR

Sogenannten Rationalisierungsmaßnahmen fällt oft die Ratio selbst zum Opfer.

Der Mann denkt,
die Frau lenkt.
Gerhard Uhlenbruck

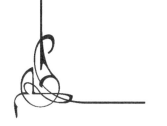

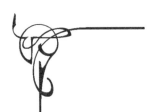
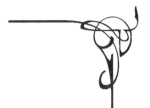

8. FEBRUAR

Weist ein hoher Konsum von Seife auf die Reinlichkeit der Bevölkerung hin oder auf ihre Gewohnheit, sich schmutzig zu machen?

Eine Erscheinung wie Mozart bleibt immer ein Wunder, das nicht weiter zu erklären ist.

Johann Wolfgang von Goethe

9. FEBRUAR

Wer an die Freiheit des menschlichen Willens glaubt, hat nie geliebt und nie gehasst.

Das „Glück" gibt es nicht. Es gibt nur glückliche Augenblicke.

Chinesisches Sprichwort

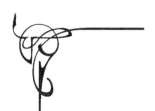
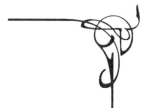

10. FEBRUAR

Ordnungsliebe führt zu strenger Gerechtigkeitsliebe.

Jeder schafft die Welt neu mit seiner Geburt;
denn jeder ist die Welt.

Rainer Maria Rilke

11. FEBRUAR

Ein schwacher Verstand ist wie ein Mikroskop, das Kleinigkeiten vergrößert und große Dinge nicht erfasst.

Ach! Reines Glück genießt doch nie,
Wer zahlen soll und weiß nicht wie!

Wilhelm Busch,
Maler Klecksel

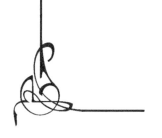

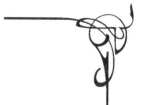

12. FEBRUAR

In trüben Fällen muss derjenige wirken und helfen, der am
klarsten sieht.

Vor der Wirklichkeit kann man seine Augen verschließen,
nicht aber vor der Erinnerung.

Stanislaw Lec

13. FEBRUAR

Logik ist eine Zeichenschrift auf Grund der Voraussetzung, dass
es identische Fälle gibt.

Fröhlichkeit kann zur Gewohnheit werden,
Missmut ebenso.

Stefan Klein,
Die Glücksformel

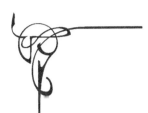
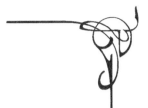

14. FEBRUAR

Man muss viel Geschmack haben, um dem seines Zeitalters zu entgehen.

Wenn der Mensch verliebt ist,
zeigt er sich so,
wie er immer sein sollte.
Simone de Beauvoir

15. FEBRUAR

Ein großartiges Buch, sagt die Kritik. In der Tat. Groß im Format. Und im Inhalt artig.

Ach! Wenn ich nicht gar zu vernünftig wär,
ich tät mir was zuleide.
Heinrich Heine

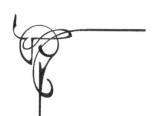
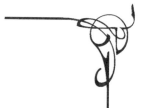

16. FEBRUAR

Es ist kein Reichtum zu vergleichen einem gesunden Leibe.

Wenn wir schön sind,
sind wir ungeschminkt am schönsten.

Gotthold Ephraim Lessing,
Minna von Barnhelm

17. FEBRUAR

Es gibt drei Motive, warum Menschen einander helfen: Liebe,
Macht und Imagepflege.

Das Alte stürzt; es ändert sich die Zeit,
Und neues Leben blüht aus den Ruinen.

Friedrich von Schiller,
Wilhelm Tell

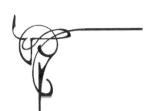
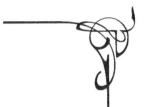

18. FEBRUAR

Sparen wird oft mit Streichen verwechselt.

Werd ich zum Augenblicke sagen:
Verweile doch! du bist so schön!
Dann magst du mich in Fesseln schlagen,
Dann will ich gern zugrunde gehn!

Johann Wolfgang von Goethe,
Faust

19. FEBRUAR

Nur der Denkende erlebt sein Leben, an Gedankenlosen zieht es vorbei.

Alle für einen und einer für alle.

Alexandre Dumas d. Ä.

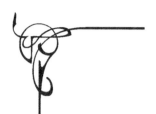
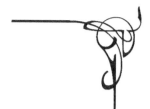

20. FEBRUAR

Wenn Ordnung das halbe Leben ist, woraus besteht dann die andere Hälfte?

> *Wer einen Menschen bessern will,*
> *muss ihn erst einmal respektieren.*
>
> Romano Guardini

21. FEBRUAR

Sparen heißt, Geld, das man nicht hat, nicht ausgeben. Geld, das man nicht hat, nicht ausgeben, nennt man Realismus.

> *Für Frauen ist es leichter,*
> *lange über nichts zu reden*
> *als kurz über etwas.*
>
> Peter Ustinov

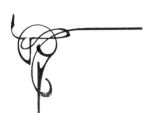
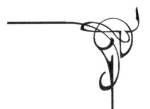

22. FEBRUAR

Wo etwas Angenehmes ist, muss auch Unangenehmes sein.

In einem gesunden Körper
wohnt ein gesunder Geist.
(Mens sana in corpore sano.)
Juvenal

23. FEBRUAR

In mancher gewachsenen Unordnung steckt eine solche Ordnung, dass jeder Versuch einer Neuordnung zu einer katastrophalen Unordnung führen würde.

Hass ist Sache des Herzens,
Verachtung des Kopfes.
Arthur Schopenhauer

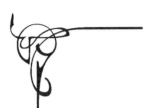
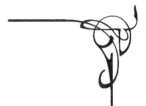

24. FEBRUAR

Manche sind krankhaft bemüht, gesünder zu leben.

Die ich rief, die Geister,
Werd ich nun nicht los!

Johann Wolfgang von Goethe,
Mit dem scharfen Beile spalten

25. FEBRUAR

Logik ist der Versuch, nach einem von uns gesetzten Seins-Schema die wirkliche Welt berechenbar zu machen.

Der sozialistische Realismus
hindert uns daran,
an den realen Sozialismus zu glauben.

Stanislaw Lec

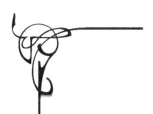
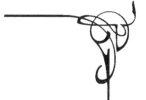

26. FEBRUAR

Wie soll einer, der das Hässliche nicht kennt, wissen, was schön ist?

Der Mensch ist nicht frei,
wenn er einen leeren Geldbeutel hat.
Lech Walesa

27. FEBRUAR

Obwohl wir sie nicht kaufen können, geben wir für die Gesundheit immer mehr Geld aus.

Sei nicht ungeduldig,
wenn man deine Argumente nicht gelten lässt.
Johann Wolfgang von Goethe,
Maximen und Reflexionen

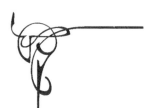
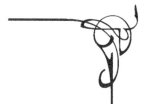

28. FEBRUAR

Das eine Ende der Hilfe ist oft verknotet mit dem anderen, der Bevormundung.

Sogar Gott braucht seine Propheten –
um durch ihren Mund zu sprechen.
Hanns-Herrmann Kesten

29. FEBRUAR

Wer immer unzufrieden ist, der taugt nichts. Immer Unzufriedene sind dünkelhaft und boshaft dazu. Und während sie sich über andere lustig machen, lassen sie selbst viel zu wünschen übrig.

Nichts Schnelleres gibt's als die Jahre.
Ovid

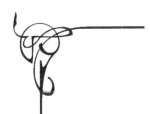
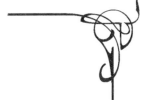

1 MÄRZ

Der Scherz ist das attraktivste Kleid der Kritik.

Mit Gesundheitsbüchern sollte man vorsichtig sein –
man könnte an einem Druckfehler sterben.

Mark Twain

2. MÄRZ

Es gibt zwei Arten von Narren. Die einen sagen: „Das war schon immer so und deshalb ist es gut!" Und die anderen sagen: „Das ist neu und deshalb ist es besser."

Was du ererbt von deinen Vätern hast,
Erwirb es, um es zu besitzen.

Johann Wolfgang von Goethe,
Faust

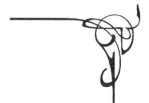

3. MÄRZ

Müde macht uns die Arbeit, die wir liegen lassen, nicht die, die wir tun.

Respekt vor dem Gemeinplatz!
Er ist seit Jahrhunderten
aufgespeicherte Weisheit.
Marie von Ebner-Eschenbach

4. MÄRZ

Es kommt nicht drauf an, wie alt man wird, sondern wie man alt wird.

Papier kann nicht erröten.
(Epistola non erubescit.)
Cicero

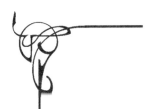
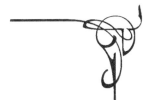

5. MÄRZ

Sparsamkeit in allen Dingen ist die vernünftige Handlung eines rechtdenkenden Menschen.

Sich seiner Vergangenheit bewusst zu sein,
heißt Zukunft zu haben.
Hans Lohberger

6. MÄRZ

Hilf und gib gerne, wenn du kannst, und dünke dich darum nicht mehr; und wenn du nichts hast, so habe den Trunk kalten Wassers zur Hand, und dünke dich darum nicht weniger.

Nur wer viel allein ist,
lernt gut denken.
Waldemar Bonsels

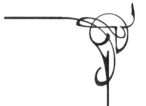

7. MÄRZ

Kritiker zu kritisieren grenzt an Gotteslästerung.

Der Furchtsame erschrickt vor der Gefahr,
der Feige in ihr,
der Mutige nach ihr.
Jean Paul

8. MÄRZ

Was nennen die Menschen am liebsten dumm? Das Gescheite,
das sie nicht verstehen.

Einem Klugen
widerfährt keine geringe Dummheit.
Johann Wolfgang von Goethe,
Maximen und Reflexionen

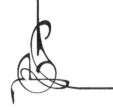

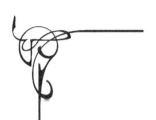

9. MÄRZ

Vater der Ordnung ist das schlechte Gedächtnis.

*Kurz ist der Schmerz
und ewig ist die Freude.*

Friedrich von Schiller,
Jungfrau von Orléans

10. MÄRZ

Wir können sparen, weil wir wenig Geld haben. Wir können so lange sparen, bis auch die anderen kein Geld mehr haben. Sparen ist ein bisschen wie sterben. Sterben schenkt uns die Möglichkeit, endlos zu sparen.

Gewalt kommt von Ohnmacht.

Jens Corssen

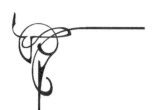
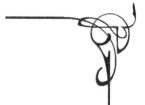

11. MÄRZ

Logik ist weder eine Wissenschaft noch eine Kunst, sondern ein Kniff.

Manche Menschen haben keine Gedanken,
sondern „eine Meinung".
Manès Sperber

12. MÄRZ

Dass es mit der Gesundheit bergab geht, merkt man vor allem, wenn man bergauf geht.

Der Gebildete
treibt die Genauigkeit nicht weiter,
als es der Natur der Sache entspricht.
Aristoteles

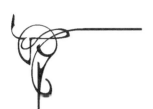
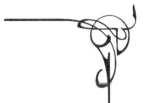

13. MÄRZ

Überlege einmal, bevor du gibst, zweimal, bevor du annimmst,
und tausendmal, bevor du verlangst.

Das liebende Herz ist nicht eng.
(Cor amantis non angustum.)
Römisches Sprichwort

14. MÄRZ

Es geht den meisten Systematikern in ihrem Verhältnis zu ihren
Systemen wie einem Mann, der ein ungeheures Schloss baut
und selbst daneben in der Scheune wohnt.

Wenn jeder dem anderen helfen wollte,
wäre allen geholfen.
Marie von Ebner-Eschenbach

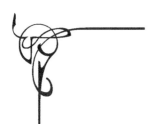
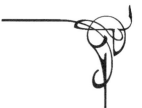

15. MÄRZ

Kritik ist dort angebracht, wo sie hilft.

Ich höre doppelt, was er spricht,
Und dennoch überzeugt's mich nicht.

Johann Wolfgang von Goethe,
Faust

16. MÄRZ

Es stimmt nicht, dass ich Kritik nicht ertrage. Ich freue mich
sogar, wenn andere kritisiert werden.

Es gibt Menschen,
die reden so viel,
dass sie sich sogar selbst ins Wort fallen.

Georg Christoph Lichtenberg

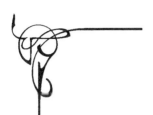

17. MÄRZ

Wer die Ursache nicht kennt, nennt die Wirkung Zufall.

*Lachen ist durchaus kein schlechter Beginn
für eine Freundschaft –
und ihr bei Weitem bestes Ende.*

Oscar Wilde

18. MÄRZ

Nicht alles, was logisch erscheint, muss auch richtig sein.

*Alles hat seine Zeit.
Schweigen hat seine Zeit
und Reden hat seine Zeit.*

Bibelzitat,
Prediger Salomo 3,7

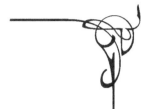

19. MÄRZ

Es würde reichen, wenn die Reichen ihre Arme den Armen reichen.

Wenn weise Männer nicht irrten,
müssten die Narren verzweifeln.
Johann Wolfgang von Goethe,
Maximen und Reflexionen

20. MÄRZ

Gesund ist man erst, wenn man wieder alles tun kann, was einem schadet.

Was verloren ist, ist verloren.
(Watt fott es, es fott.)
Kölner Sprichwort

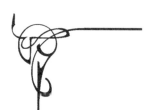
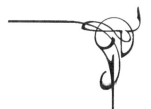

21. MÄRZ

Wir unterschätzen das, was wir haben, und überschätzen das, was wir sind.

Wer gesund ist und arbeiten will,
hat in der Welt nichts zu fürchten.
Johann Gottfried von Herder

22. MÄRZ

Wenn die Unordentlichen Könige werden, so ist ihr Erstes, dass sie die Untertanen zur Ordnung ermahnen.

Denn ich bin ein Mensch gewesen,
Und das heißt ein Kämpfer sein.
Johann Wolfgang von Goethe,
West-östlicher Diwan

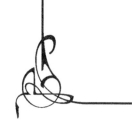

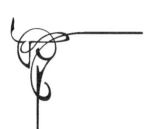

23. MÄRZ

Der Sparsame ist nicht immer der Reichere.

Das Wort ist frei,
die Tat ist stumm,
der Gehorsam blind.
Friedrich von Schiller,
Wallenstein

24. MÄRZ

Logik ist die Kunst, mit Selbstvertrauen falsch zu liegen.

Der Geist ist willig,
aber das Fleisch ist schwach.
Bibelzitat,
Matthäus 26,41

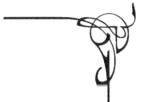

25. MÄRZ

Ein Geschenk ist genausoviel wert wie die Liebe, mit der es ausgesucht worden ist.

> *Es genügt nicht,*
> *glücklich zu sein;*
> *man muss sich dessen*
> *auch bewusst sein.*
> Giovanni Fava

26. MÄRZ

Wie viel man den Menschen auch hilft, es ist niemals so viel, als sie zu verdienen glauben.

> *Ein Jahr ist eine Periode von 365 Enttäuschungen.*
> Ambrose G. Bierce

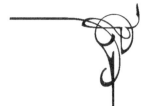

27. MÄRZ

Leute, die sich stets um ihre Gesundheit sorgen, sind wie Geizhälse, die Schätze horten und nie den Geist aufbringen, sich daran zu erfreuen.

Geld alleine ist kein Schlüssel zum Glück.
Aber man kann sich viele Schlüssel dafür kaufen.
Wolfgang Joop

28. MÄRZ

Es fällt uns sehr schwer, denjenigen, der uns bewundert, für einen Dummkopf zu halten.

Manche Pianisten spielen sehr menschlich –
nämlich falsch.
Stanislaw Lec

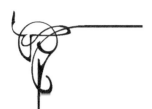

29. MÄRZ

Manch einer beginnt schon früh mit dem Sparen, damit er sich im Alter ein paar Dummheiten erlauben kann.

> *Ich bin ein Mensch –*
> *nichts Menschliches ist mir fremd.*
> *(Homo sum;*
> *humani nil a me allenum puto.)*
> *Terenz*

30. MÄRZ

Meist ist es besser, zur Dummheit zu schweigen, weil man nichts gegen sie ausrichten kann.

> *Kitsch ist das Echo der Kunst.*
> *Kurt Tucholsky*

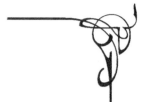

31. MÄRZ

Ist die eigene Person in Ordnung, so kommt die Familie in Ordnung; ist die Familie in Ordnung, so kommt der Staat in Ordnung; ist der Staat in Ordnung, so kommt die Welt in Ordnung.

Die Liebe kommt unbemerkt;
nur wenn sie geht, merken wir es.
Austin Dobson

1. APRIL

Wer sich frei entfalten will, muss viele Ratschläge in den Wind schlagen können.

Manche sind durch ihren Reichtum zugrunde gegangen.
Aristoteles

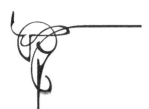
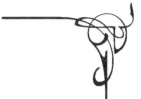

2. APRIL

Es ist viel leichter, einen Menschen auf den Arm zu nehmen als bei der Hand.

Wo nicht Liebe oder Hass mitspielt,
spielt das Weib nur mittelmäßig.
Friedrich Nietzsche

3. APRIL

Ein Geist, der nur Logik ist, gleicht einem Messer, das nichts ist als Klinge. Die Hand wird blutig beim Gebrauch.

Wer kärglich sät,
wird kärglich ernten.
Bibelzitat,
2. Korinther-Brief 9,6

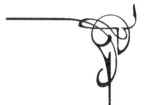

4. APRIL

Gesundheit ist weniger ein Zustand als eine Haltung. Und sie gedeiht mit der Freude am Leben.

Achte auf deine Gedanken –
sie sind der Anfang deiner Taten.
Chinesisches Sprichwort

5. APRIL

Wer gut wirtschaften will, sollte nur die Hälfte seiner Einnahmen ausgeben, wenn er reich werden will, sogar nur ein Drittel.

Reden ist Silber,
schweigen ist Gold.
Arabisches Sprichwort

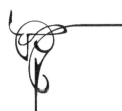

6. APRIL

Am Ziele deiner Wünsche wirst du jedenfalls eines vermissen:
dein Wandern zum Ziel.

*Der Mensch ändert leichter seine Überzeugungen
als seine Gewohnheiten.*

Paul Wegener

7. APRIL

Andere zu kritisieren, ist das übliche Mittel, sich selbst in ein
besseres Licht zu setzen.

*In der Kontrolle der negativen Emotionen
liegt eines der Geheimnisse des Glücks.*

Stefan Klein,
Die Glücksformel

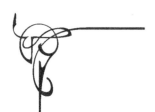
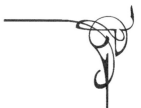

8. APRIL

Manche Unterlagen in meinem Büro demonstrieren ihre Vitalität damit, indem sie von dort, wo ich sie meines Wissens nach hingelegt hatte, dorthin wandern, wo ich sie nicht mehr finden kann.

> *Der Weg zu allem Großen*
> *geht durch die Stille.*
> Friedrich Nietzsche

9. APRIL

Die öffentliche Meinung, auf die die Zeitungen sich berufen, ist die Meinung derer, die sie aus den Zeitungen beziehen.

> *Das Ziel allen Lebens ist der Tod.*
> Sigmund Freud

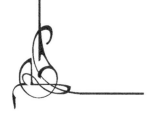

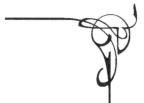

10. APRIL

Es fällt uns leichter, Menschen in Not wegzuweisen, als ihnen den Weg in ein menschenwürdiges Leben zu weisen.

Alles Lyrische muss im Ganzen sehr vernünftig,
im Einzelnen ein bisschen unvernünftig sein.
Johann Wolfgang von Goethe,
Maximen und Reflexionen

11. APRIL

Die Logik ist so fortgeschritten, dass sie alles widerlegen kann – sogar sich selbst.

Der Gewinn anderer wird oft
wie ein eigener Verlust empfunden.
Wilhelm Busch

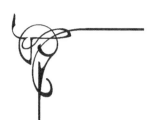
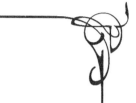

12. APRIL

Gesundheit bekommt man nicht im Handel,
sondern durch den Lebenswandel.

*Der Schmeichler ist jemand,
der dir ins Gesicht sagt,
was er hinter deinem Rücken
nie sagen würde.*
Henry Millington

13. APRIL

Die Menschen verstehen nicht, welch große Einnahmequelle in
der Sparsamkeit liegt.

In der Krise beweist sich der Charakter.
Helmut Schmidt

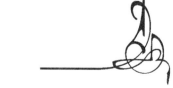

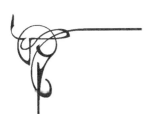
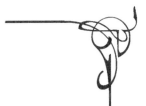

11. APRIL

Es würde viel weniger Böses auf Erden geben, wenn das Böse
niemals im Namen des Guten getan werden könnte.

Wenn zwei das Gleiche tun,
so ist es noch lange nicht dasselbe.

Terenz

15. APRIL

Wenn du wissen willst, ob ein Hilfsangebot ehrlich gemeint ist,
brauchst du es nur anzunehmen.

Wer Gott recht liebt,
muss nicht verlangen,
dass Gott ihn wiederliebt.

Baruch Spinoza

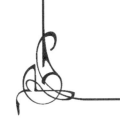

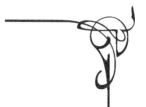

16. APRIL

Es sind nur die allzu naiven Menschen, welche glauben können, dass die Natur des Menschen in eine rein logische verwandelt werden könnte. Auch der vernünftigste Mensch bedarf von Zeit zu Zeit wieder der Natur, das heißt seiner unlogischen Grundstellung zu allen Dingen.

Auf angeborene Talente ist man nicht stolz.
Marie von Ebner-Eschenbach

17. APRIL

Nur die Sticheleien von Näherinnen sind produktiv.

Der Weg zum Misserfolg
ist mit Erfolgserlebnissen gepflastert.
Helmar Nahr

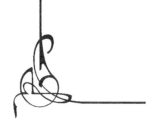

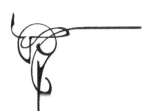
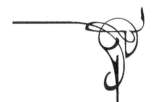

18. APRIL

Ordnung ist, wenn man etwas findet, was man gar nicht sucht.

Geld ist nicht alles.
Aber viel Geld –
das ist etwas anderes.
George Bernard Shaw

19. APRIL

Natürlich führen Bio-Lebensmittel zu einer gesünderen Lebensweise; vorausgesetzt, man kauft sie zu Fuß beim Erzeuger ein.

Glück – das ist einfach eine gute Gesundheit
und ein schlechtes Gedächtnis.
Ernest Hemingway

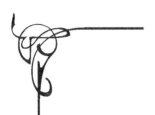
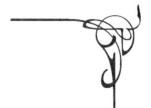

20. APRIL

Ignoranz ist nicht Wissen, sondern nicht wissen wollen.

Der Wein erfreut des Menschen Herz
und die Freude ist die Mutter aller Tugenden.

Johann Wolfgang von Goethe,
Götz von Berlichingen

21. APRIL

Die Sparsamkeit ist die Tochter der Vorsicht, die Schwester der
Mäßigkeit und die Mutter der Freiheit.

Ein Publikum, das lacht,
steht schon weitgehend
auf der Seite des Redners.

Franz Josef Strauß

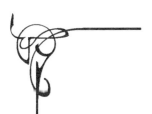
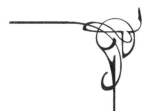

›› APRIL

Die meiste Nachsicht übt der, der die wenigste braucht.

Der gute Ruf geht weit,
aber unendlich weiter
geht der schlechte Ruf.
Serbisches Sprichwort

23. APRIL

Die kürzesten Wörter, nämlich ja und nein, erfordern das meiste Nachdenken.

Es gibt Frauen,
die nicht schön sind,
sondern nur so aussehen.
Karl Kraus

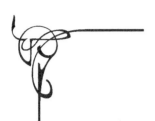
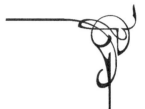

24. APRIL

Das Kritischste an mancher Kritik: der Zeitpunkt.

Es ist nicht genug, zu wissen,
man muss auch anwenden;
es ist nicht genug, zu wollen,
man muss auch tun.

Johann Wolfgang von Goethe,
Maximen und Reflexionen

25. APRIL

Die Seele jeder Ordnung ist ein großer Papierkorb.

Der wirksamste Schutz gegen eine Versuchung
ist die Feigheit.

Mark Twain

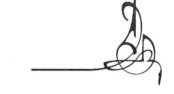

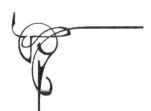
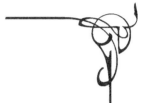

26. APRIL

Hilfe ist immer nah, solange wir sie nicht brauchen. Nur was man braucht, ist unerreichbar.

> *Geld zu haben ist schön.*
> *Doch auch das wird irgendwann langweilig.*
> Robert de Niro

27. APRIL

Wir sind leicht bereit, uns selbst zu tadeln, unter der Bedingung, dass niemand einstimmt.

> *Man lügt sich so lange*
> *in die eigene Tasche,*
> *bis man mit leeren Taschen dasteht.*
> André Brie

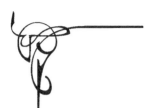
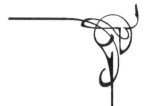

28. APRIL

In der Wirklichkeit gibt es nichts, das ganz logisch ist.

In einer Sache wenigstens
sind sich Mann und Frau einig:
sie misstrauen den Frauen.
Henry Louis Mencken

29. APRIL

Wenn ein Gesunder Angst hat, seine Gesundheit zu verlieren, kann er sich nicht an ihr erfreuen.

Für Sorgen sorgt das liebe Leben,
Und Sorgenbrecher sind die Reben.
Johann Wolfgang von Goethe,
West-östlicher Diwan

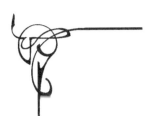

30. APRIL

Das Vergleichen ist das Ende des Glücks und der Anfang der Unzufriedenheit.

Man kann klüger sein als ein anderer,
nicht aber klüger als alle anderen.

François de la Rochefoucauld

1. MAI

Die Manie für alles Billige strömt parallel mit Furcht und Missgeschick, trifft nie auf den Strom der Tatenlust und der siegenden Kraft.

Jede Frau hat ein Vorrecht darauf,
ihre Meinung zu ändern.

Amerikanisches Sprichwort

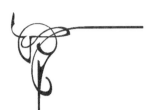
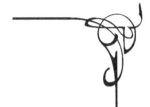

2. MAI

Man darf nur so hart in seiner Kritik sein, wie man selber bereit ist, diese zu akzeptieren.

Die Seligkeit,
sich geliebt zu fühlen,
mindert jeden Schmerz.
Ugo Foscolo

3. MAI

Das Leben hat als Geheimnis begonnen und wird als Geheimnis enden, aber welch eine aufregende und wunderbare Zeit liegt dazwischen.

Fleiß ist die beste Form der Leidenschaft.
Thomas Mann

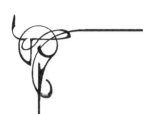
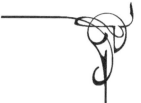

4. MAI

Ordnung und Klarheit – schöne gute Dinge, wiewohl ich nie im Zweifel war: Die Welt ist (mindestens in manchem Sinne) so wenig „ordentlich" wie „klar".

Hätte ich doch nie gehandelt!
Um welche Hoffnung wäre ich reicher.
Friedrich Hölderlin

5. MAI

Dem, der uns einen Gefallen getan hat, dem sollen wir dafür einen Gegendienst leisten und selbst wieder mit der Gefälligkeit den Anfang machen.

Lust verkürzt den Weg.
William Shakespeare

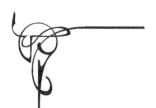
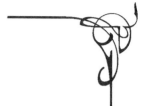

10. MAI

Es gibt viele Wege, sich zu bereichern. Einer der besten ist die Sparsamkeit.

> *Ruhm ist der Beweis dafür,*
> *dass die Menschen leichtgläubig sind.*
>
> Ralph Waldo Emerson

11. MAI

Wenn alles seinen richtigen Platz in unserem Geist hat, können wir mit dem Rest der Welt im Einklang sein.

> *Was man von der Minute ausgeschlagen,*
> *Gibt keine Ewigkeit zurück.*
>
> Friedrich von Schiller,
> Resignation

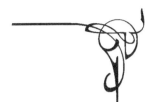

12. MAI

Wenn Kritik Erfolg haben soll, serviere sie auf einem weichen Kissen.

Widerwärtigkeiten sind Pillen,
die man schlucken muss, nicht kauen.

Georg Christoph Lichtenberg

13. MAI

Die Menschen helfen lieber dem, der ihrer Hilfe nicht bedarf, als dem, welcher sie nötig hat.

Die Sprache ist dem Menschen gegeben,
um seine Gedanken verbergen zu können.

Charles Maurice de Talleyrand,
Plutarch

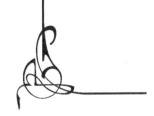

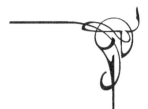

14. MAI

Es kommt in der Wirklichkeit nichts vor, was der Logik streng entspräche.

Nichts gibt so sehr das Gefühl der Unendlichkeit
als wie die Dummheit.
Ödön von Horvath

15. MAI

„Und ich habe mich so gefreut!", sagst du vorwurfsvoll, wenn dir eine Hoffnung zerstört wurde. Du hast dich gefreut – ist das nichts?

Junggesellen sind Männer,
die lieber suchen als finden.
Caterina Valente

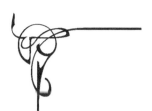
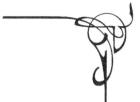

16. MAI

Der Mensch ist nie ganz gesund. Er sucht immer und überall, bis er etwas „Schmerzendes" gefunden hat.

Leih jedermann dein Ohr,
aber wenigen deine Stimme.
William Shakespeare

17. MAI

Die meisten Leute sparen, um sich im Alter Dinge leisten zu können, die man nur in der Jugend richtig genießen kann.

Das erste steht uns frei,
beim zweiten sind wir Knechte.
Johann Wolfgang von Goethe,
Faust

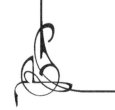

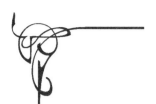
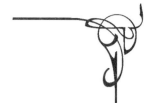

18. MAI

Manchmal vermag uns ein durch den Asphalt brechender Löwenzahn die tägliche Frage nach dem Sinn des Lebens eindrücklicher und überzeugender zu beantworten als eine ganze Bibliothek philosophischer Schriften.

Alle Meister sind vom Himmel gefallen.
Hans Pfitzner

19. MAI

Kritik – ob gerechtfertigt oder nicht – ist zumindest ein Beweis für Beachtung.

Sorgen ertrinken nicht im Alkohol,
sie können schwimmen.
Heinz Rühmann

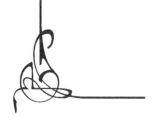

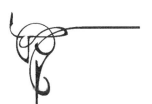
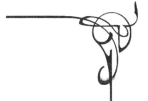

20. MAI

Der Mensch besitzt eine solche Leidenschaft für Systematik und abstrakte Folgerungen, dass er es fertigbringt, bewusst die Wahrheit zu verdrehen und mit sehenden Augen nicht zu sehen und mit hörenden Ohren nicht zu hören.

Ruhm ist der Vorzug,
denen bekannt zu sein, die einen nicht kennen.
Chamfort

21. MAI

Was Logiker ärgert, nennt man Überraschung.

Ruhm ist eine beständige Anspannung.
Paul Valéry

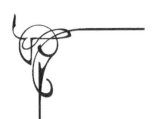
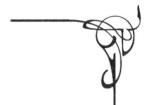

22. MAI

Ein Wohltäter ist nicht, wer auf Vergeltung wartet, sondern wer einfach wohl zu tun sich vornimmt.

Wenn man lange genug wartet,
erlebt man das schönste Wetter.
Japanisches Sprichwort

23. MAI

Der Geist einer Sprache offenbart sich am deutlichsten in ihren unübersetzbaren Worten.

Toleranz
ist oft ein anderes Wort
für Gleichgültigkeit.
William Somerset Maugham

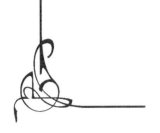

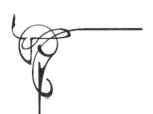
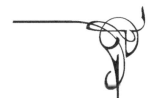

24. MAI

Wussten Sie schon, dass Knoblauchzehen gesünder sind als Wurstfinger.

Was man zu verstehen gelernt hat,
fürchtet man nicht mehr.
Marie Curie

25. MAI

Das ist das Herrliche an jeder Freude, dass sie unverhofft kommt und niemals käuflich ist.

Besucher machen immer Freude.
Wenn nicht beim Kommen,
dann beim Gehen.
Portugiesisches Sprichwort

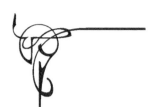
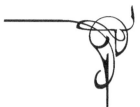

26. MAI

Ständiges Sparen – das bringt nichts. Nichts vergeuden – das bringt's.

Es hört doch jeder nur, was er versteht.

Johann Wolfgang von Goethe,
Maximen und Reflexionen

27. MAI

Überkritische Menschen suchen immer noch das Haar in der Suppe, während die anderen schon längst beim Dessert angekommen sind.

Vergib deinen Feinden,
aber vergiss niemals ihre Namen.

John F. Kennedy

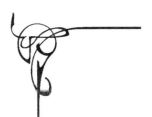
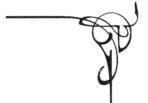

28. MAI

„Ordnung muss sein", sagte der Verstand und legte Gedanke für Gedanke in Schubladen ab.

Ignoranz ist nicht Nichtwissen,
sondern Nichtwissenwollen.

Werner Mitsch

29. MAI

Je mehr Käse, desto mehr Löcher. Je mehr Löcher, desto weniger Käse. Also: Je mehr Käse, desto weniger Käse! Oder?

Was mich nicht umbringt,
macht mich stärker.

Friedrich Nietzsche,
Götzendämmerung, Sprüche und Pfeile

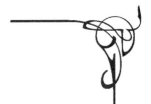

30. MAI

Niemand ist nutzlos in dieser Welt, der einem anderen die Bürde leichter macht.

Es gibt kein unbedingtes und ungetrübtes Glück,
das länger als fünf Minuten dauert.

Theodor Fontane

31. MAI

Wer sich seiner eigenen Kindheit nicht mehr deutlich erinnert, ist ein schlechter Erzieher.

Es irrt der Mensch,
solange er strebt.

Johann Wolfgang von Goethe,
Faust

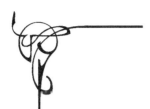
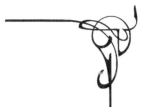

1. JUNI

Die ständige Sorge um die Gesundheit ist auch eine Krankheit.

Wenn man nicht bekommt, was man gerne hätte,
muss man das gerne haben, was man bekommt.
(Wenn mer nit dat kritt, wat mer jän hätt –
muss mer dat jän han, wat mer kritt.)
Kölner Sprichwort

2. JUNI

Mindestens 98 Prozent der Dinge, um die wir uns Sorgen machen, treffen niemals ein.

Wer im Leben kein Ziel hat,
verläuft sich leicht.
Abraham Lincoln

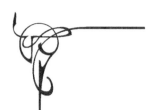
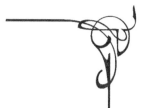

3. JUNI

Kritik ist vor allem eine Gabe, eine Intuition, eine Sache des Takts und des Spürsinns; sie kann nicht gelehrt, gezeigt werden – sie ist eine Kunst.

Wer etwas ist,
hat alle gegen sich,
die etwas werden wollen.
Richard Schaukal

4. JUNI

Ordnung ist etwas Künstliches. Das Natürliche ist das Chaos.

Wenn es ums Geld geht,
gehört jeder der gleichen Religion an.
Voltaire

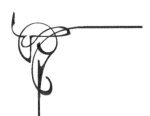
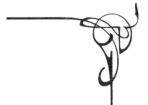

5. JUNI

Wie oft hört man: „Man kann ja nicht allen Menschen auf der Welt helfen!" Na und? Helfen wir einem, und wenn wir dem geholfen haben, dann helfen wir dem nächsten.

> *Wer liebt und geliebt wird,*
> *hat die Sonne von beiden Seiten.*
> Phil Bosmans

6. JUNI

Wenn die Neugier sich auf ernsthafte Dinge richtet, dann nennt man sie Wissensdrang.

> *Wer sich aufbläht,*
> *muss von Natur aus flach sein.*
> Stanislaw Lec

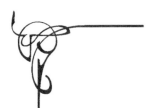
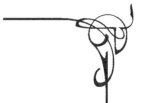

7. JUNI

Es liegt in der menschlichen Natur, vernünftig zu denken und unlogisch zu handeln.

Was mit Gewalt erlangt wurde,
kann auch nur mit Gewalt behalten werden.
Mahatma Gandhi

8. JUNI

Die einzige Methode, gesund zu bleiben, besteht darin, zu essen, was man nicht mag, zu trinken, was man verabscheut, und zu tun, was man lieber nicht täte.

Wer viel lacht und viel weint,
wird sehr alt.
Chinesisches Sprichwort

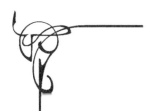
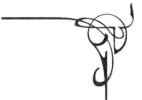

9. JUNI

Hoffnung ist das einzige Gut, das allen Menschen gemein ist; selbst diejenigen, die nichts besitzen, besitzen noch Hoffnung.

Was einer öffentlich nicht tun mag,
das soll er auch heimlich lassen.
Jean Baptiste Molière

10. JUNI

Kritische Gedanken zu äußern kann eventuell Probleme bereiten. Sie immer für sich zu behalten bringt sie mit Sicherheit nur später und größer.

Die Stärke einer Frau liegt gerade darin,
dass man sie nicht erklären kann.
Oscar Wilde

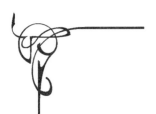
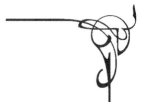

11. JUNI

Wenn Chaos Gottes eigensinniger, unergründlicher Wille ist – ist Ordnung dann vielleicht Gottes menschenfreundliches Zugeständnis an unseren kleinen Verstand?

Ein langes Glück
verliert schon alleine durch seine Dauer.

Georg Christoph Lichtenberg

12. JUNI

Die größte Nachsicht mit einem Menschen entspringt aus der Verzweiflung an ihm.

Es gibt kein vollkommenes Glück.
(Nihil est ab omni parte beatum.)

Horaz

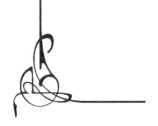

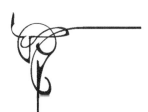
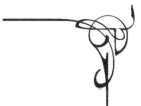

13. JUNI

Wenn jeder Mensch einen Menschen heilen würde, wäre bald
alle Welt geheilt.

Es ist bekannt, dass die Menschen,
sobald es ihnen einigermaßen nach ihrem Sinne geht,
alsbald nicht wissen, was sie vor Übermut anfangen wollen.

Johann Wolfgang von Goethe,
Wilhelm Meisters Wanderjahre

14. JUNI

Was Logik ist, liegt in der Betrachtung desjenigen, der sie ver-
tritt.

Philosophie ist das Mikroskop des Denkens.

Victor Hugo

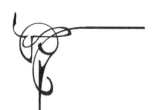
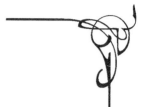

15. JUNI

Der Mensch ist nur dann an Leib und Seele gesund, wenn ihm alle seine Verrichtungen, geistige und körperliche, zum Spiele werden.

Fragen sind niemals indiskret,
aber Antworten sind es manchmal.
Oscar Wilde

16. JUNI

Wer mich korrekterweise kritisiert, ist mein Lehrer. Wer mir fälschlich schmeichelt, ist mein Feind.

Selbst die Hunde
bellen in Hauptstädten zentraler.
Stanislaw Lec

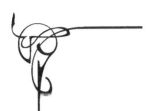
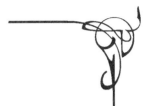

17. JUNI

Nicht die sichtbare und vergängliche Materie ist das Wirkliche, Reale, Wahre – sondern der unsichtbare, unsterbliche Geist.

> *Wenn man nichts hat,*
> *was man liebt,*
> *muss man lieben,*
> *was man hat.*
> Französisches Sprichwort

18. JUNI

Wenn wir jemandem vorwerfen, er sei unordentlich, sagen wir nie, welche Ordnung wir meinen.

> *Meine beste Zeit liegt immer vor mir.*
> Daniel Barenboim

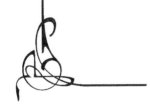

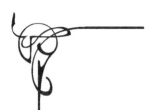
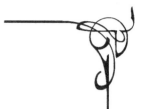

19. JUNI

Das ist eben das Übel, dass alle von außen her auf Hilfe warten.
Und da alle Hilfe erwarten und nicht Hilfe geben, bekommt kein
Mensch Hilfe. Wenn dagegen alle Menschen Hilfe geben wür-
den, so würde ein jeder Hilfe erhalten.

Nichts ist erregender als die Wahrheit.
Egon Erwin Kisch

20. JUNI

Wie ungerecht, dass man Tausende von Krankheiten haben
kann, aber nicht einmal zwei Gesundheiten.

Nur nicht aus Liebe weinen,
Es gibt auf Erden nicht nur den einen.
Hans Fritz Beckmann

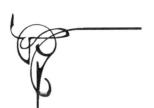
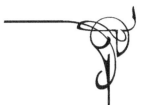

21. JUNI

Wer von seinem Tag nicht zwei Drittel für sich selbst hat, ist ein
Sklave.

Neid ist nichts anderes
als Hass gegenüber Vorzügen der anderen.
Paolo Mantegazza

22. JUNI

Tadellos ist nur, wer ohne Kritik an seinen Mitmenschen aus-
kommt.

Philosophie ist Erkenntnis.
Dies ist vielleicht der einzige Satz,
über den die Philosophen immer einig gewesen sind.
Egon Friedell

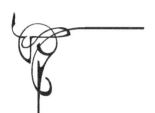

23. JUNI

Ordnung ist die Form von Chaos, an die man sich gewöhnt hat.

Man muss den Menschen
nur etwas verrückt vorkommen –
und schon hat man Erfolg.
Wilhelm Raabe

24. JUNI

Wem wenig nie genug ist, dem wird auch genug immer zu wenig sein.

Um zur Wahrheit zu gelangen,
sollte jeder die Meinung seines Gegners
zu verteidigen versuchen.
Jean Paul

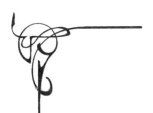
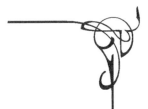

25. JUNI

Nicht der Mensch hat am meisten gelebt, welcher die höchsten Jahre zählt, sondern derjenige, welcher sein Leben am meisten empfunden hat.

Vom Standpunkt der Jugend aus gesehen,
ist das Leben eine unendlich lange Zukunft;
vom Standpunkt des Alters aus
eine sehr kurze Vergangenheit.

Arthur Schopenhauer

26. JUNI

Ohne das Prinzip Hilfe hat das Prinzip Hoffnung keine Chance.

Ausnahmen bestätigen die Regel.

Französisches Sprichwort

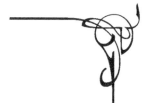

27. JUNI

Die Dienste der Großen sind gefährlich und lohnen der Mühe nicht, die sie kosten.

Beweisen zu wollen,
dass ich recht habe,
hieße zuzugeben,
dass ich unrecht haben könnte.

Pierre-Augustin de Beaumarchais

28. JUNI

Man kann auf verschiedene Art gesund leben; aber eine muss man wählen.

Ein tiefer Fall führt oft zu höher'm Glück.

William Shakespeare

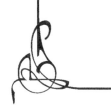

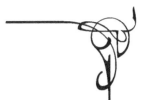

29. JUNI

Man kann alles besser machen, aber deshalb muss man nicht alles schlecht machen.

Es gibt keine absolut gebildeten Menschen,
sondern nur halbgebildete.
Und alles hängt davon ab,
was ein Mensch aus dieser halben Bildung macht.
André Kostolany

30. JUNI

Lachen bedeutet schadenfroh sein, aber mit reinem Gewissen.

Erfolg hat nur, wer etwas tut,
während er darauf wartet.
Thomas A. Edison

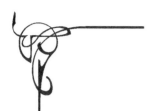
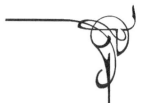

1. JULI

Wenn wir nur 0,0001 von dem ausführen, was wir für richtig halten, oder wenigstens nicht täten, was wir für falsch halten, wie bald würde sich die ganze Ordnung unseres Lebens ändern und aus einer heidnischen Ordnung eine christliche werden.

Ein Geschäft zu eröffnen ist leicht;
schwer ist es, es geöffnet zu halten.
Chinesisches Sprichwort

2. JULI

Der Mensch kann sich an vieles gewöhnen, bloß an das nicht, was er haben kann.

Künftige Ereignisse werfen ihre Schatten voraus.
Thomas Campbell

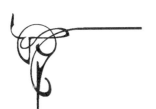
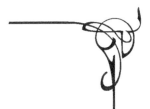

3. JULI

Hundert kleine Freuden sind tausendmal mehr wert als eine große.

Lernen und die Erfahrung von Glück
sind untrennbar miteinander verbunden.

Stefan Klein,
Die Glücksformel

4. JULI

Wer schätzt Gesundheit in gesunden Tagen und wer den Wohlstand, der die Armut nicht gekannt?

Jede Zeit ist um so kürzer,
je glücklicher man ist.

Plinius d. Ä.

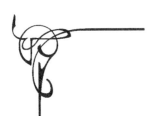
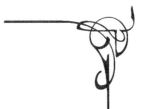

5. JULI

Die einfachste Art, mit Kritik umzugehen, ist, sie zu ignorieren.

Es ist besser, das geringste Ding von der Welt zu tun,
als eine halbe Stunde für gering zu halten.

Johann Wolfgang von Goethe,
Maximen und Reflexionen

6. JULI

Wer alles in seinem Leben geregelt haben will, wird nur in Ausnahmefällen auf Freiheiten stoßen.

Der Mensch sieht oft nur zu spät ein,
wie sehr er geliebt wurde, wie vergesslich und
undankbar er war und wie groß das verkannte Herz.

Jean Paul

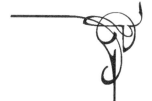

7. JULI

Wenn man immer bloß sehen wollte, was einem fehlt, dann käme ja kein Mensch in keinem Augenblick zum Lebensgenuss.

Der Teufel ist ein Optimist,
wenn er glaubt,
dass er die Menschen
schlechter machen kann.

Karl Kraus

8. JULI

Wir sollten immer nur charakterisieren wollen, nie kritisieren.

Die kriechende Mittelmäßigkeit kommt weiter
als das geflügelte Talent.

Friedrich von Schiller

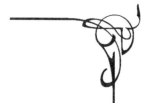

9. JULI

Viele sind hartnäckig in Bezug auf den einmal eingeschlagenen Weg, wenige in Bezug auf das Ziel.

Durch Weisheit wird ein Haus gebaut
und durch Verstand erhalten.

Bibelzitat,
Prediger Salomo 24,3

10. JULI

Ihr könnt den Menschen nie auf Dauer helfen, wenn ihr für sie tut, was sie selber für sich tun sollten und könnten.

Ein Leben ohne Musik
ist wie ein Leben ohne Sonne.

Isaac Stern

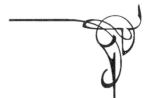

11. JULI

Gesundheit ist die Summe aller Krankheiten, die man nicht hat.

Meine Freunde teile ich ein in solche, die ich bewundere,
solche, die ich verehre,
solche, die ich liebe,
und solche, mit denen ich Mitleid habe.
Francesco Petrarca

12. JULI

Ordnung ist das halbe Leben, die andere Hälfte wird vom Chaos regiert.

Man wird nicht dadurch besser,
dass man andere schlecht macht.
Heinrich Nordhoff

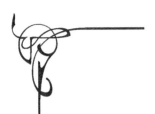
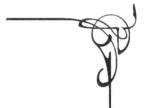

13. JULI

Es ist zu wünschen, dass jeder, der uns die Wahrheit zeigen will,
sie nicht in Worten ausdrückt, sondern uns die Möglichkeit gibt,
sie selbst zu erkennen.

Mit Wut beginnt,
mit Reue schließt der Zorn.
Publilius Syrus

14. JULI

Gemeinschaftlich arbeiten ist ohne Ordnung, ohne dass sich alle
dieser Ordnung fügen, unmöglich.

Nichts ist klar.
(Non liquet.)
Cicero

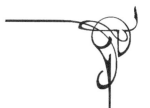

15. JULI

Der Schöpfer hatte Freude an allem, was er gemacht hatte. Der Mensch, der diese Herrlichkeiten genießen kann, ist ohnehin unzufrieden.

Macht, die sich nur auf Gewehrläufe stützt,
ist nicht von Dauer.
Dalai-Lama

16. JULI

Wenn der Wind des Wandels weht, bauen die einen Schutzmauern, die anderen bauen Windmühlen.

Man muss denken wie die wenigsten
und reden wie die meisten.
Arthur Schopenhauer

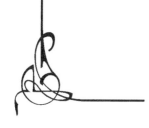

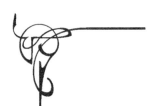
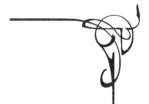

17. JULI

Vielleicht sind alle Drachen unseres Lebens Prinzessinnen, die nur darauf warten, uns einmal schön und mutig zu sehen. Vielleicht ist alles Schreckliche im Grunde das Hilflose, das von uns Hilfe will.

Neid ist unversöhnlicher als Hass.
François de la Rochefoucauld

18. JULI

Würde die Gesundheit von der Gesundheitspolitik abhängen, wären wir schon längst ausgestorben.

*Philosophie ist
gesunder Menschenverstand im Frack.*
Oliver S. Braston

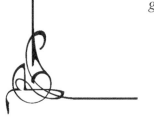

19. JULI

Nur der hat das Recht auf Kritik, der von Herzen hilfreich ist.

Selbst wenn man die Ereignisse richtig voraussieht,
ist die Reaktion des Publikums
völlig unberechenbar.
André Kostolany

20. JULI

Ordnung, Strukturierung und Planung versuchen die Ängste vor
dem Unberechenbaren zu vertreiben.

Tradition pflegen heißt,
die Glut bewahren,
nicht die Asche.
Radolph Obert

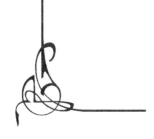

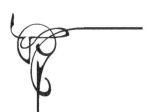
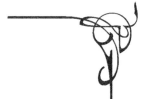

21. JULI

Wer sich in der Diskussion auf eine Autorität beruft, gebraucht nicht den Verstand, sondern sein Gedächtnis.

Sage nicht alles,
was du weißt,
aber wisse immer alles,
was du sagst.
Matthias Claudius

22. JULI

Kritisieren ist leicht, besser machen ist schwer.

Spät kommst du,
doch ich lobe dich um dieses auch!
Euripides

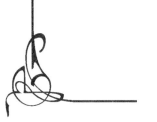

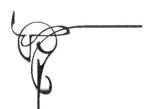
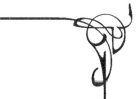

23. JULI

Bei sorgsamer Pflege kann aus einer kleinen Unzufriedenheit mit der Zeit eine staatliche Verdrossenheit werden.

Umändern kann sich niemand,
bessern kann sich jeder.
Ernst von Feuchtersleben

24. JULI

Die Gesundheit überwiegt alle äußeren Güter so sehr, dass wahrscheinlich ein gesunder Bettler glücklicher ist als ein kranker König.

Unmenschen gibt es,
aber keine Untiere.
Karl Julius Weber

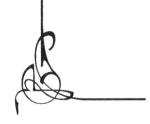

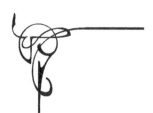
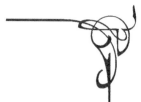

25. JULI

Wer sein Ohr verschließt vor den Schreien der Armen, wird selbst nicht erhört, wenn er um Hilfe ruft.

Vergnügen kann ein Fließbanderzeugnis sein,
Glück niemals.
John Steinbeck

26. JULI

Wer uns vor nutzlosen Wegen warnt, leistet uns einen ebenso guten Dienst wie derjenige, der uns den rechten Weg anzeigt.

Wenn man sagt, dass man einer Sache grundsätzlich zustimmt,
so bedeutet das, dass man nicht die geringste Absicht hat,
sie in der Praxis durchzuführen.
Otto von Bismarck

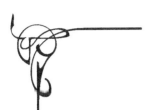
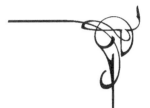

27. JULI

Die Anzahl unserer Neider bestätigt unsere Fähigkeiten.

Wer die Menschen betrügen will,
muss vor allen Dingen
das Absurde plausibel machen.

Johann Wolfgang von Goethe,
Maximen und Reflexionen

28. JULI

Der größte Feind der neuen Ordnung ist, wer aus der alten seine Vorteile zog.

Wenn du das Leben liebst,
liebt es dich auch.

Arthur Rubinstein

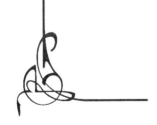

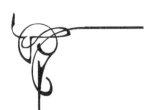
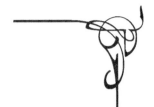

29. JULI

Wer nicht zufrieden sein will, muss seine Unzufriedenheit ertragen.

Wenn fünfzig Millionen Menschen etwas Dummes sagen,
bleibt es trotzdem eine Dummheit.

Anatole France

30. JULI

„Was will ich?", fragt der Verstand. „Worauf kommt es an?", fragt die Urteilskraft. „Was kommt heraus?", fragt die Vernunft.

Wer nichts weiß,
muss alles glauben.

Marie von Ebner-Eschenbach

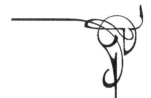

31. JULI

Wie sich viele körperlich für krank halten, ohne es zu sein, so halten umgekehrt geistig sich viele für gesund, die es nicht sind.

Von einem guten Kompliment
kann ich zwei Monate leben.
Mark Twain

1. AUGUST

Lass dich nicht von dem, was der Kritiker sagt, niederdrücken. Noch nie wurde zu Ehren eines Kritikers ein Denkmal errichtet, wohl aber für Kritisierte.

Behauptung ist nicht Beweis.
William Shakespeare,
Othello

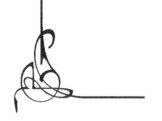

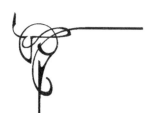
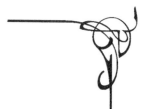

2. AUGUST

Ordnung ist vor allem ein Anzeichen gefährlicher Feinnervigkeit.

Wenn ich nicht immer
neue Ideen zu bearbeiten habe,
werde ich krank.
Johann Wolfgang von Goethe

3. AUGUST

Leben, das ist das Allerseltenste in der Welt – die meisten Menschen existieren nur.

Wer in der Jugend spart,
der darbt im Alter nicht.
Christian Fürchtegott Gellert

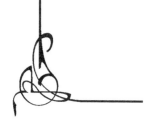

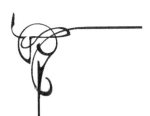
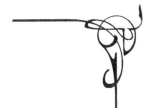

4. AUGUST

Wer Seelenfrieden sucht, kann ihn nicht finden, solange er den Grund des Unfriedens in sich selbst hat.

Wäre der Tod nicht,
es würde keiner das Leben schätzen;
man hätte vielleicht nicht einmal einen Namen dafür.

Jakob Boßhart

5. AUGUST

Nur der Schwache wappnet sich mit Härte. Wahre Stärke kann sich Toleranz, Verständnis und Güte leisten.

Unser Wissen ist ein Tropfen,
unser Nichtwissen ein Ozean.

Isaac Newton

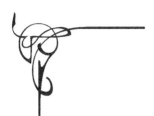
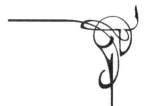

6. AUGUST

Die Lage eines Menschen ändern, bessern wollen, heißt, ihm für Schwierigkeiten, in denen er geübt und erfahren ist, andere Schwierigkeiten anbieten, die ihn vielleicht noch ratloser finden.

Der Tag ist 24 Stunden lang,
aber unterschiedlich breit.
Wolfgang Neuss

7. AUGUST

Gesund ist der Mensch, sofern alle seine Kräfte in dem Zustand sind, dass sie ihre Naturbestimmung erfüllen können.

Der Zorn ist ein kurzer Wahnsinn.
(Ira furor brevis est.)
Horaz

119

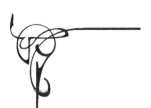
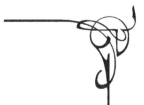

8. AUGUST

Permanente Beanstandung von Kleinigkeiten zeugt von Kleinlichkeit.

> *Kein Breitengrad, der nicht dächte,*
> *er wäre Äquator geworden,*
> *wenn alles mit rechten Dingen zugegangen wäre.*
>
> Mark Twain

9. AUGUST

Das Durchschnittliche gibt der Welt ihren Bestand, das Außergewöhnliche ihren Wert.

> *Im Grunde glaubt doch keiner,*
> *dass er stirbt.*
>
> Sigmund Freud

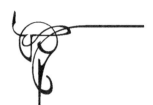
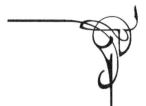

10. AUGUST

Der Mensch denkt, er müsse dem vermeintlichen Chaos dieser Erde seine eigene Ordnung aufzwingen, da aber die Welt ihre eigene Ordnung hat, in welche der Mensch so nicht hineinpasst – stürzt er die Welt von der natürlichen Ordnung ins Chaos. Das Gute und Traurige dabei ist, dass der Mensch seinen eigenen Untergang herbeiführt – es merkt – und trotzdem so weitermacht.

Jeder Augenblick ist von unendlichem Wert.
Seneca

11. AUGUST

Ehrliche Kritik ist ein Zeichen von Vertrauen.

In Zweifelsfällen entscheide man sich für das Richtige.
Karl Kraus

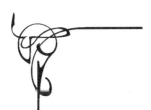
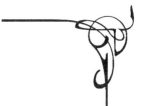

12. AUGUST

Fühle mit allem Leid der Welt, aber richte deine Kräfte nicht dorthin, wo du machtlos bist, sondern zum Nächsten, dem du helfen, den du lieben und erfreuen kannst.

Kunst ist eine Inhaltsfrage.
Johann Wolfgang von Goethe

13. AUGUST

Versuchungen sollte man nachgeben. Wer weiß, ob sie wieder-kommen.

Ich habe keine Angst vor dem Tod.
Das Nahen des Todes ist es,
wovor mir graust.
Oscar Wilde

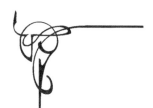
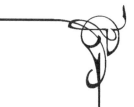

14. AUGUST

Wenn wir mal wieder so richtig unzufrieden sind mit unseren Lebensumständen, sollten wir an die Millionen Menschen denken, die glücklich wären, wenn es ihnen so schlecht gehen würde, wie wir es uns oftmals vorjammern.

Hinter jedem erfolgreichen Mann
steht eine Frau.
Bob Hope

15. AUGUST

Niemand misst die Tiefe des Flusses mit beiden Füßen zugleich.

Man muss einem Menschen nur in die Augen sehen,
wenn man wissen will, wie sein Herz ist.
Li Yu

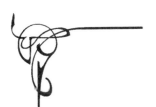
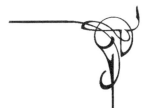

16. AUGUST

Es ist nutzlos zu versuchen, Menschen zu helfen, die sich nicht selbst helfen. Man kann nur jemandem eine Leiter hinaufstoßen, wenn er bereit ist, selbst zu klettern.

Manch einer wähnt sich schon weitsichtig,
wenn er das Naheliegende außer Acht lässt.

Ole Anders

17. AUGUST

Hüte dich vor denen, die niemand leiden kann.

Nur wenn man seine Rechnungen nicht bezahlt,
kann man hoffen,
im Gedächtnis der Geschäftswelt weiterzuleben.

Oscar Wilde

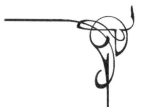

18. AUGUST

Wer glaubt, keine Zeit für seine körperliche Fitness zu haben, wird früher oder später Zeit zum Kranksein haben müssen. Für was hast du dich entschieden?

Nichts ist so sehr für die „gute alte Zeit" verantwortlich wie das schlechte Gedächtnis.

Anatole France

19. AUGUST

Jeder Narr kann kritisieren, verurteilen, reklamieren – und die meisten Narren tun es auch.

Politik ist die Kunst, das Notwendige möglich zu machen.

Herbert Wehner

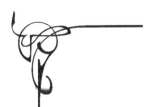
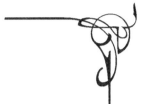

20. AUGUST

Schon immer beruhten die meisten menschlichen Handlungen auf Angst oder Unwissenheit.

Selbstvertrauen ist die Quelle des Vertrauens zu anderen.
François de la Rochefoucauld

21. AUGUST

Jeder hat das Recht auf seine eigene Meinung, aber er hat keinen Anspruch darauf, dass andere sie teilen.

Trauben, die des Sommers Strahl und Glut
Eingesogen in ihr Blut,
Strömen den empfangnen Himmel wieder
Den Magyaren in die Glieder.
Nicolaus Lenau

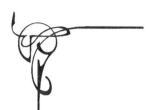
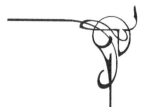

22. AUGUST

Freiräume sind die Akzeptanz des Wunsches nach Distanz, ohne das Vertraute in Zweifel zu ziehen.

Schachprobleme erfordern dieselben Tugenden
wie jede künstlerische Betätigung, die diesen Namen verdient:
Originalität, Einfallsreichtum, Knappheit, Harmonie,
Komplexität und erhabene Täuschung.

Vladimir Nabokov

23. AUGUST

Vernunft will Ordnung, Wille schafft Ordnung.

Sprache verbindet
und trennt stärker als Rasse.

Jakob Boßhart

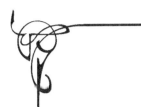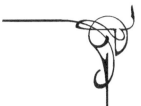

24. AUGUST

Gegenüber der Fähigkeit, die Arbeit eines einzigen Tages sinnvoll zu ordnen, ist alles andere im Leben ein Kinderspiel.

Wenn alle Menschen immer die Wahrheit sagten,
wäre das die Hölle auf Erden.

Jean Gabin

25. AUGUST

Der Mensch ist ein vernunftbegabtes Wesen, das immer dann die Ruhe verliert, wenn von ihm verlangt wird, dass er nach Vernunftgesetzen handeln soll.

Wenn du eine hilfreiche Hand suchst,
suche sie zuerst am Ende deines rechten Armes.

Abraham Lincoln

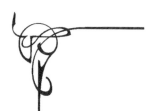
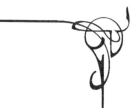

26. AUGUST

Unsere Unzufriedenheit rührt nicht daher, dass wir zu wenig haben, sondern dass wir immer noch mehr haben wollen.

Wer vom Glück immer nur träumt,
darf sich nicht wundern,
wenn er es verschläft.
Ernst Deutsch

27. AUGUST

Geteiltes Leid ist halbes Leid, geteilte Freud ist doppelte Freud, und geteilte Angst ist Massenhysterie.

Wer sich mit der Natur verträgt,
dem tut sie nichts.
Henry Miller

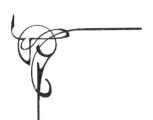
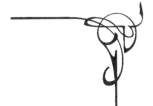

28 AUGUST

Der Historiker ist ein Reporter, der überall dort nicht dabei war,
wo etwas passiert ist.

> *Wenn man Sorgen hat,*
> *spricht man am besten mit jemandem,*
> *der ebenfalls Sorgen hat.*
> Arthur Rubinstein

29. AUGUST

Das Ärgerliche an bestimmten Kritikern ist, dass sie manchmal
recht haben.

> *Das Gedächtnis*
> *ist der Souffleur des Geistes.*
> Jean Paul

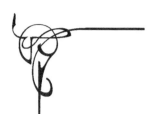
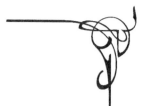

30. AUGUST

Ein gewisses Maß an Förmlichkeit ist ein notwendiger Schutzwall im Umgang: Er hält die Zudringlichen und Unverschämten in gehörigem Abstand und ist für den verständigen und wohlerzogenen Teil der Menschheit ein geringes Hindernis.

Den Jüngling ziert Bescheidenheit.
Franz Grillparzer

31. AUGUST

Von allen Gefühlen ist die Angst dasjenige, das die Urteilskraft am meisten schwächt.

Der Einfall ersetzt nicht die Arbeit.
Max Weber

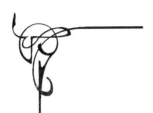
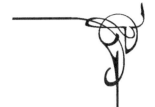

1. SEPTEMBER

Ein Mensch passt am besten auf sich auf, wenn ihn auch andere beobachten.

Das Leben hat keinen Sinn,
außer dem,
den wir ihm geben.
Thornton Wilder

2. SEPTEMBER

Wenn man sagt, dass man einer Sache grundsätzlich zustimmt, so bedeutet es, dass man nicht die geringste Absicht hat, sie in der Praxis durchzuführen.

Der Kluge kennt viele Auswege.
Mongolisches Sprichwort

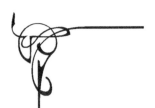
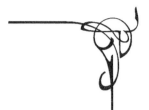

3. SEPTEMBER

Wer Abstand hält, hat sich nicht unbedingt entfernt.

Ältere Freundschaften
haben vor neuen hauptsächlich voraus,
dass man sich schon viel verziehen hat.
Johann Wolfgang von Goethe

4. SEPTEMBER

Wer die Welt in Ordnung bringen will, gehe zuerst durchs eigene Haus.

Bildung ist das,
was einem bleibt,
wenn der letzte Dollar weg ist.
Mark Twain

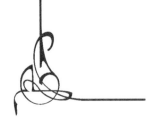

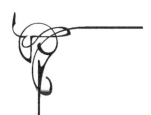
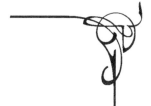

5. SEPTEMBER

Der Herrgott hat mich so auf die Erde geschickt, wie ich bin. Wieso maßen sich dann so viele Menschen an, mich ständig verändern oder verbessern zu wollen?

Barmherzigkeit gegenüber Wölfen
ist Unrecht gegenüber den Schafen.
Niederländisches Sprichwort

6. SEPTEMBER

Wenn mich jemand zwingt, Abstand zu wahren, habe ich den Trost, dass er ihn gleichfalls wahrt.

Ärzte sind auch nur Menschen.
Im Idealfall.
Werner Mitsch

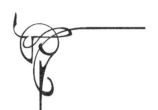
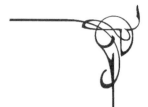

7. SEPTEMBER

Ungeachtet dessen, dass der Grund der Furcht in dem Mangel an Kenntnis liegt, hält man es doch nicht der Mühe wert, die Kenntnis zu besitzen, um die Furcht zu verlieren.

Der Fortschritt ist die
Verwirklichung von Utopien.
Oscar Wilde

8. SEPTEMBER

Ein Schreibtisch ist eine komplizierte Vorrichtung, um Gegenstände planmäßig zu verlegen.

Zähme deinen Zorn!
(Compesce mentem!)
Horaz

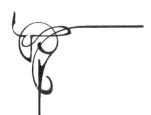
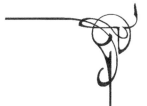

9. SEPTEMBER

Ein Gemüt jedoch, das nicht gelernt hat vorauszuschauen und sich die Zukunft stets rosig malt, wird von den ersten Widerwärtigkeiten zu Boden geworfen.

Statussymbole sind die Potemkinschen Dörfer
der Massenmenschen.

Prof. Querulix

10. SEPTEMBER

Nimm an, was nützlich ist. Lass weg, was unnütz ist. Und füge das hinzu, was dein Eigenes ist.

Wer sich selbst beherrscht,
der ist ein weiser Mann.

Euripides

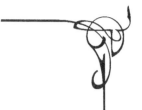

11. SEPTEMBER

Ein Kritiker ist jemand, der alles weiß und selbst nichts kann.

Die Zukunft kommt in Raten.
Das ist das Erträgliche an ihr.
Alfred Polgar

12. SEPTEMBER

Furcht ist nichts andres, als was die Menschen sich denken als furchtbar; Sicherheit ist dort, wo man gesichert sich glaubt.

Ein Mädchen und ein Gläschen Wein
kurieren alle Not;
und wer nicht trinkt und wer nicht küsst,
der ist so gut wie tot.
Johann Wolfgang von Goethe

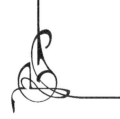

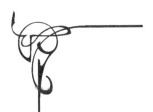
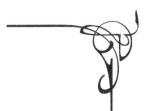

13. SEPTEMBER

Lobe nur den Bienenfleiß mancher Menschen, doch ihrem Giftstachel geh lieber aus dem Wege.

Egozentrik ist die Voraussetzung
für die Produktivität des Künstlers.
Nur der quält sich,
der sich wichtig nimmt.
Thomas Mann

14. SEPTEMBER

Es gibt auf der Welt keine größere Distanz als die zwischen gestern und heute.

Liebe hat kein Alter.
Blaise Pascal

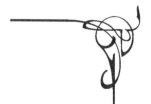

15. SEPTEMBER

Einer der Vorteile mangelnder Ordnungsliebe ist der, dass man ständig tolle Entdeckungen macht.

Der Mensch stammt vom Affen ab.
Der eine mehr,
der andere weniger.
Werner Mitsch

16. SEPTEMBER

Die Kritik an der sozialen Leiter verringert sich mit jeder Sprosse, die man emporsteigt.

Der Journalist ist immer einer,
der nachher alles vorher gewusst hat.
Karl Kraus

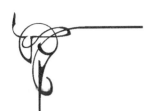
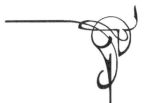

17. SEPTEMBER

Sehr kurz und voller Sorgen ist das Leben derer, die das Vergangene vergessen, das Gegenwärtige vernachlässigen, vor der Zukunft Angst haben.

> *Der Teufel, der Adel und die Jesuiten*
> *existieren nur so lange,*
> *als man an sie glaubt.*
> Heinrich Heine

18. SEPTEMBER

Nehmen Sie nichts als gegeben an, wenn Sie es überprüfen können.

> *Echte Kunst ist eigensinnig.*
> Ludwig van Beethoven

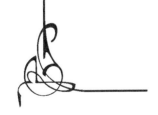

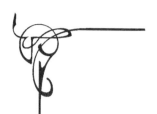
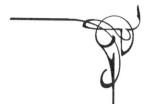

19. SEPTEMBER

Der Nachteil der Intelligenz besteht darin, dass man ununter-
brochen gezwungen ist, dazuzulernen.

*Es ist besser, eine Kerze anzuzünden,
als die Dunkelheit zu verwünschen.*
Chinesisches Sprichwort

20. SEPTEMBER

Die Hauptsache ist der Fleiß; denn dieser gibt nicht nur die
Mittel des Lebens, sondern er gibt ihm auch seinen alleinigen
Wert.

*Erfolg ist eine Frage der
Planung, Organisation und Disziplin.*
H.W.W.

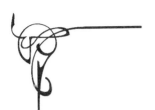
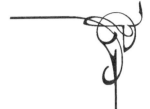

21. SEPTEMBER

Vom höchsten Ordnungssinn ist es nur ein Schritt – zur Pedanterie.

Eine reine Gegenwart gibt es nicht.
Die Gegenwart ist immer mit dem verbunden,
woher ich komme, und mit dem, wohin ich gehe,
als der Möglichkeitsform – und der Wunschform.
Alexander Kluge

22. SEPTEMBER

In dem Maße, wie der Wille und die Fähigkeit zur Selbstkritik steigen, hebt sich auch das Niveau der Kritik am andern.

Beziehungen schaden nur dem, der sie nicht hat.
Wolfgang Robinow

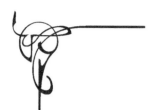
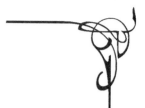

23. SEPTEMBER

Angst ist der einzige sichere Ratgeber, den das Leben überhaupt hat.

Es ist schwer, gegen den Augenblick gerecht zu sein:
der gleichgültige macht uns Langeweile,
am guten hat man zu tragen und am bösen zu schleppen.

Johann Wolfgang von Goethe,
Maximen und Reflexionen

24. SEPTEMBER

Wer nichts dem Zufall überlässt, wird wenig falsch machen, aber er wird nur sehr wenig tun.

Des Glaubens Sonne ist der Zweifel.

Johann Gottfried Seume

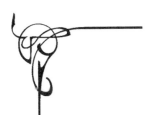
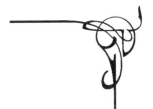

25. SEPTEMBER

Es ist ein großer Vorteil im Leben, die Fehler, aus denen man lernen kann, möglichst früh zu begehen.

Wer an Gott glaubt,
muss auch mit dem Teufel rechnen.
Werner Mitsch

26. SEPTEMBER

Nicht auf dem Lotterbette, sei es des Elends oder der Wollust, aufrecht, im Schweiße seines Angesichts bildet sich der Mensch.

Das Übel erkennen,
heißt bereits,
ihm teilweise abzuhelfen.
Otto von Bismarck

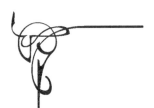
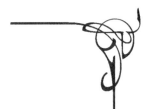

27. SEPTEMBER

Ordnung ist das Durcheinander, an das du dich gewöhnt hast.

Der Tod ist kein Abschnitt des Daseins,
sondern nur ein Zwischenereignis,
ein Übergang aus einer Form
des endlichen Wesens in eine andere.

Wilhelm von Humboldt

28. SEPTEMBER

Wer kein gutes Haar an dir lässt, findet es früher oder später in der eigenen Suppe wieder.

Wo es kein Geheimnis gibt,
gibt es auch keine Wahrheit.

Berthold Brecht

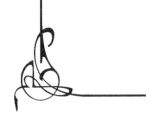

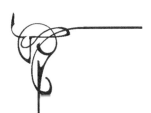
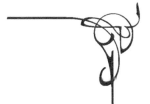

29. SEPTEMBER

Eine der Wirkungen der Furcht ist es, die Sinne zu verwirren und zu machen, dass uns die Dinge anders erscheinen, als sie sind.

Des Mannes Glück heißt: Ich will!
Das Glück der Frauen heißt: Er will!
Friedrich Nietzsche

30. SEPTEMBER

Man muss viel gelernt haben, um über das, was man nicht weiß, fragen zu können.

Der Mensch, der gar nichts liest, ist besser informiert
als derjenige, der nur Zeitung liest.
Lee Iacocca

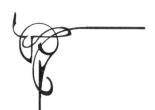
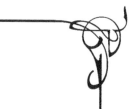

1. OKTOBER

Gib Acht, dich nicht in fremde Angelegenheiten einzumischen, ja, lass sie dir noch nicht einmal durch den Kopf gehen; denn vielleicht bist du nicht fähig, deine eigene Aufgabe zu erfüllen.

Die Menschen unterscheiden sich durch das, was sie zeigen, und gleichen sich durch das, was sie verbergen.

Paul Valéry

2. OKTOBER

Wer ernstlich lernen und arbeiten will, der steigt immer nur hinauf, doch niemals herunter.

Die Straße des geringsten Widerstandes ist nur am Anfang asphaltiert.

Hans Kasper

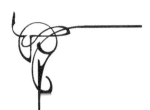

3. OKTOBER

Gebraucht die Zeit, sie geht so schnell von hinnen,
doch Ordnung lehrt euch Zeit gewinnen.

Ein Vater kann zehn Kinder ernähren;
aber zehn Kinder können
noch lange keinen Vater ernähren.
Jüdisches Sprichwort

4. OKTOBER

Die ärgerlichste Kritik besteht in der Nennung von Fakten.

Es ist besser,
Vollkommenheit anzupeilen und vorbeizuschießen,
als auf Unvollkommenheit zu zielen und zu treffen.
Thomas J. Watson

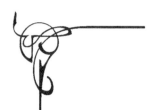
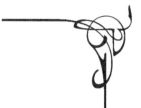

5. OKTOBER

Aus Angst, mit Wenigem auskommen zu müssen, lässt sich der Durchschnittsmensch zu Taten hinreißen, die seine Angst erst recht vermehren.

Frauen werden nie durch Komplimente entwaffnet –
Männer immer.

Oscar Wilde

6. OKTOBER

Die Menschen scheuen sich weniger, einen anzugreifen, der sich beliebt gemacht hat, als einen, den sie fürchten.

Es gibt keine Sicherheit,
nur verschiedene Grade der Unsicherheit.

Anton Neuhäusler

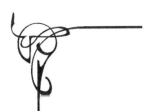
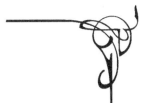

7 OKTOBER

Die Weisheit eines Menschen misst man nicht nach seinen Erfahrungen, sondern nach seiner Fähigkeit, Erfahrungen zu machen.

Gott gibt uns Leid,
aber auch Schultern, um es zu tragen.
Jüdisches Sprichwort

8. OKTOBER

Fleiß und Talent: ohne beide ist man nie ausgezeichnet, jedoch im höchsten Grade, wenn man sie in sich vereint. Mit dem Fleiß bringt ein mittelmäßiger Kopf es weiter als ein überlegener ohne.

Geschmack ist auch eine Frage des Wissens.
Karl Lagerfeld

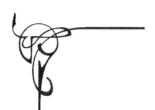
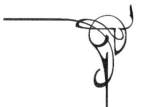

9. OKTOBER

Die meisten Menschen sind bereit zu lernen, aber nur die wenigsten, sich belehren zu lassen.

Ich habe lange genug gelebt,
um sagen zu können,
dass Unterschiede Hass erzeugen können.

Stendhal

10. OKTOBER

Der Mensch weiß viel zu oft, was er will, nur selten aber, was er braucht.

Hochmut kommt vor dem Fall.

Bibelzitat,
Prediger Salomo 16,18

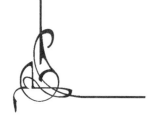

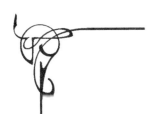
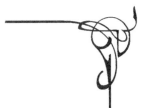

11. OKTOBER

Willst du dir Feinde machen, so übe ehrliche Kritik.

Indem ich dem Gemeinen einen hohen Sinn,
dem Gewöhnlichen ein geheimnisvolles Ansehn,
dem Bekannten die Würde des Unbekannten,
dem Endlichen einen unendlichen Schein gebe,
so romantisiere ich.

Novalis

12. OKTOBER

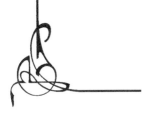

Auf alles gefasst zu sein – das macht unverwundbar klug.

Im Grunde ist jedes Unglück gerade nur so schwer,
wie man es nimmt.

Marie von Ebner-Eschenbach

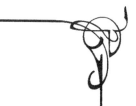

13. OKTOBER

Vor allem denke immer daran, den Dingen ihr Beängstigendes zu nehmen und darauf zu sehen, was in Wahrheit an ihnen ist; du wirst erkennen, dass ihnen selbst nichts Beängstigendes innewohnt, sondern dass unsere Furcht allein es ist, welche sie beängstigend macht.

Jeder bildet sich seine Meinung nach seinem Talent.
Peter Ustinov

14. OKTOBER

Unzufriedenheit mit sich selbst bildet ein Grundelement jedes echten Talents.

Geduld! Die Vergangenheit hat noch Zukunft.
Stanislaw Lec

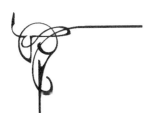

15 OKTOBER

Hohe Bildung kann man dadurch beweisen, dass man die kompliziertesten Dinge auf einfache Art zu erläutern versteht.

Nenne dich nicht arm,
weil deine Träume nicht in Erfüllung gegangen sind;
wirklich arm ist nur, wer nie geträumt hat.
Marie von Ebner-Eschenbach

16. OKTOBER

Kritik ist kein abwertendes Werturteil, sondern nur Hilfe für das Werdende.

Nur wer bereut,
dem wird verziehen im Leben.
Dante Alighieri

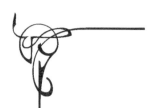
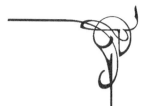

17. OKTOBER

Nicht der Glanz des Erfolgs, sondern die Lauterkeit des Strebens und das treue Beharren in der Pflicht, auch da, wo das Ergebnis nicht in die äußere Erscheinung tritt, wird den Wert eines Menschenlebens bedeuten.

Mode ist das, was man selbst trägt.
Was unmodern ist, tragen die anderen.
Oscar Wilde

18. OKTOBER

Eine Investition in Wissen bringt noch immer die besten Zinsen.

Man muss einfach reden und kompliziert denken –
auf keinen Fall umgekehrt.
Franz Josef Strauß

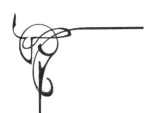
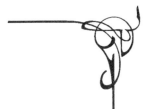

19. OKTOBER

Sag nicht, meine Ängste wären albern. Sie sind erschreckend echt. Aber du kannst mich beruhigen, wenn du versuchst, sie zu verstehen.

Selbstverwirklichung muss ihre Grenzen an den Geboten der Solidarität finden.
Hans-Jochen Vogel

20. OKTOBER

Hinter der unglaublichen Tüchtigkeit mancher Leute versteckt sich eine maskierte Süchtigkeit.

Politik ist Handwerk, nicht Mundwerk.
Norbert Blüm

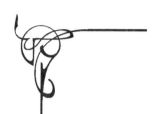
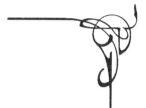

21. OKTOBER

Um durch die Welt zu kommen, ist es zweckmäßig, einen großen Vorrat von Vorsicht und Nachsicht mitzunehmen: Durch Ersteres wird man vor Schaden und Verlust, durch Letzteres vor Streit und Händeln geschützt.

*Schade, dass man ins Paradies
nur mit dem Leichenwagen fahren kann.*
Stanislaw Lec

22. OKTOBER

Er ist ein Mann, dem man es nie recht machen kann, weil er mit sich selbst nicht zufrieden ist.

Mensch werden ist eine Kunst.
Novalis

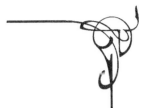

23. OKTOBER

Ihr aber seht und sagt: Warum? Aber ich träume und sage:
Warum nicht?

Unsere Eigenschaften müssen wir kultivieren,
nicht unsere Eigenheiten.

Johann Wolfgang von Goethe,
Maximen und Reflexionen

24. OKTOBER

Lieblose Kritik ist ein Schwert, das scheinbar den anderen, in
Wirklichkeit aber den eigenen Herrn verstümmelt.

Verliebte sehen schlecht,
hören aber um so besser.

Vicky Baum

25. OKTOBER

Angst vergiftet die unabdingbare, notwendige Lebensfreude. Innere Heiterkeit und frohes Lachen ermorden jede Angst.

Von der Hoffnung allein lässt sich nicht leben –
und ohne Hoffnung auch nicht.
Lothar Schmidt

26. OKTOBER

Man kann nur dann auf seine innere Stimme hören, wenn man die äußere ein wenig leiser stellt.

Wenn alle über einen Politiker klagen,
heißt das wenigstens,
dass er keinen bevorzugt.
Ted Turner

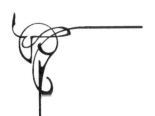
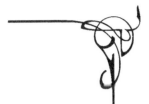

27. OKTOBER

Es genügt nicht, nur fleißig zu sein – das sind die Ameisen. Die Frage ist vielmehr: Wofür sind wir fleißig?

> *Was für eine Philosophie man wählt,*
> *hängt davon ab,*
> *was für ein Mensch man ist.*
> Johann Gottlieb Fichte

28. OKTOBER

Der Gebildete treibt die Genauigkeit nicht weiter, als es der Natur der Sache entspricht.

> *Spaßgesellschaft:*
> *Tretmühle des Hedonismus.*
> Donald Campbell

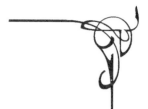

29. OKTOBER

Wer mit sich unzufrieden ist, ist fortwährend bereit, sich dafür zu rächen.

Wenn etwas schiefgehen kann, geht es auch schief.
Auch wenn eigentlich nichts schiefgehen kann,
geht es trotzdem schief.
Alles geht schief.
Murphys Gesetz

30. OKTOBER

Harte Worte, wenn sie auch nur allzu berechtigt sind, beißen doch.

Der ist beglückt, der sein darf, was er ist.
Friedrich von Hagedorn

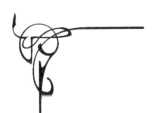
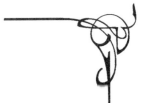

31. OKTOBER

Die Furcht hat die Einsicht über die Menschen mehr gefördert
als die Liebe, die sich täuschen lassen will.

Das ist schön bei uns Deutschen:
Keiner ist so verrückt,
dass er nicht noch einen Verrückteren fände,
der ihn versteht.

Heinrich Heine

1. NOVEMBER

Meide Leute, die behaupten, es gut mit dir zu meinen, ohne zu
fragen, was du davon hältst.

Nur Realisten glauben an Wunder.

David Ben Gurion

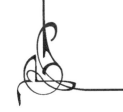

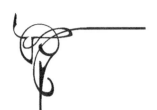
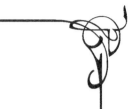

2. NOVEMBER

Fleiß ist die letzte Zuflucht des Versagers.

Wir lieben Menschen,
die frei heraus sagen, was sie denken,
vorausgesetzt, sie denken dasselbe wie wir.
Mark Twain

3. NOVEMBER

Milliarden von Jahren (geschweige denn vor dem Anbeginn der Zeit) gab es den Menschen nicht. Aber kaum ist er da, regt er sich über jedes Kinkerlitzchen auf.

Wo die Sprache aufhört,
fängt die Musik an.
Ernst Theodor Amadeus Hoffmann

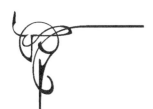
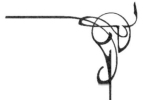

4 NOVEMBER

Geld: ein Mittel, um alles zu haben bis auf einen aufrichtigen Freund, eine uneigennützige Geliebte und eine gute Gesundheit.

> *Alt ist man dann,*
> *wenn man an der Vergangenheit mehr Freude hat*
> *als an der Zukunft.*
> John Knittel

5. NOVEMBER

Kritik ist oft nichts anderes als der Neid über den Erfolg eines anderen.

> *Wer die Menschen besiegt, hat Kraft,*
> *wer sich selbst besiegt, hat Größe.*
> Lao-tse

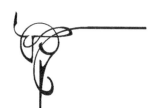
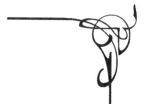

6. NOVEMBER

Die Furcht steckt an wie der Schnupfen und macht aus dem Singularis allemal den Pluralis.

Alle reden von Kommunikation,
aber die wenigsten haben sich etwas mitzuteilen.
Hans Magnus Enzensberger

7. NOVEMBER

Vorsicht ist besser als Nachsicht, sagt ein Sprichwort. Nachsicht muss man meistens nachher üben, wenn man die Vorsicht vorher außer Acht gelassen hat.

Das Sprichwort ist eines Menschen Witz
und aller Menschen Weisheit.
Bertrand Russel

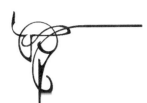
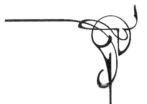

8. NOVEMBER

Der Fleißige hängt an seinen Aufgaben. Wer sie gleich erledigt, will sie nur loswerden.

Wenn du auf einem Käfig die Aufschrift „Büffel" liest,
obwohl du im Käfig einen Löwen siehst,
dann traue deinen Augen nicht.

Kozma Prutkov

9. NOVEMBER

Wenn du unzufrieden mit dir selber bist, schau in die Augen derer, die sich selbst nicht lieben können. Und schon siehst du dich im neuen Lichte.

Ich glaube, man schreibt immer wieder das gleiche Buch.

Françoise Sagan

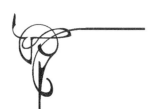

10. NOVEMBER

Gegen die Kritik kann man sich weder schützen noch wehren;
man muss ihr zum Trotz handeln, und das lässt sie sich nach und
nach gefallen.

In meinem Leben war die Literatur mein Asyl,
die Musik meine Zuflucht.
Marcel Reich-Ranicki

11. NOVEMBER

Die Mauer aus Angst, die vor deinem Auge aufgebaut ist, wird
Stein für Stein durch Wissen und Vertrauen abgetragen.

Im Alter sind wir der Schmeichelei viel zugänglicher
als in der Jugend.
Marie von Ebner-Eschenbach

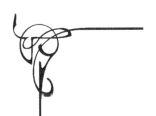
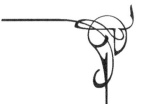

12. NOVEMBER

Wer nie verließ der Vorsicht Kreise,
der war nie töricht, aber auch nie weise.

Wen nie die Liebe leiden ließ,
dem schenkte Liebe niemals Glück.
Leid kommt wohl ohne Lieb' allein,
Lieb' kann nicht ohne Leiden sein.
Gottfried von Straßburg

13. NOVEMBER

Vom Fleißigen ist immer viel zu lernen, doch zu beseligen vermag nur Größe.

Kaufleute haben in der ganzen Welt dieselbe Religion.
Heinrich Heine

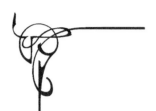
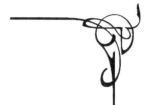

14. NOVEMBER

Es ist ein großer Trost, andere dort scheitern zu sehen, wo man selbst gescheitert ist.

> *Was geht mich die Weltgeschichte an?*
> *Meine Welt ist die erste und einzige.*
>
> Ludwig Wittgenstein

15. NOVEMBER

Man wird immer finden, dass diejenigen Menschen, die am wenigsten leisten, am meisten und schärfsten tadeln.

> *Wer fertig ist, dem ist nichts recht zu machen;*
> *Ein Werdender wird immer dankbar sein.*
>
> Johann Wolfgang von Goethe,
> Faust

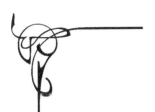
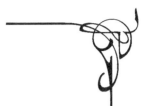

16. NOVEMBER

Beklage nicht, was nicht zu ändern ist, aber ändere, was zu beklagen ist.

Wer liebt, vergleicht nicht mehr.
Wer vergleicht, liebt nicht mehr.
Glenn Close

17. NOVEMBER

Gerade wenn du dich fürchtest, bist du stark, denn wer die Furcht nicht überwinden kann, kann nichts überwinden.

Eine Quelle des Glücks liegt in der optimalen Entfaltung
unserer Talente und Möglichkeiten.

Stefan Klein,
Die Glücksformel

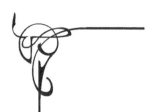
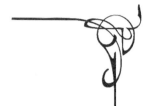

18. NOVEMBER

Die Vorsicht geht zu sacht, die Zuversicht zu keck; Vorsicht, mit Zuversicht vereint, gelangt zum Zweck.

Frauen haben heutzutage sicherlich mehr Rechte,
aber mehr Macht hatten sie früher.

Charles Aznavour

19. NOVEMBER

Je weniger wir Trugbilder bewundern, desto mehr vermögen wir die Wahrheit aufzunehmen.

Glücklich ist, wer vergisst,
was doch nicht zu ändern ist.

Johann Strauß,
Die Fledermaus

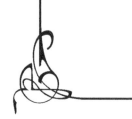

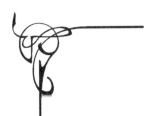
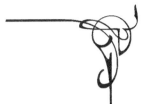

20. NOVEMBER

Wir sind alle viel zu schnell mit dem Urteil, dass uns dies oder das durch die Natur versagt wäre. Ein wenig mehr Fleiß und es stellt sich das Gegenteil heraus.

Geraubtes Geld kann man ersetzen.
Geraubte Illusionen nie.
Werner Mitsch

21. NOVEMBER

Wir sollten uns endgültig abgewöhnen, andere für unsere Unzufriedenheit verantwortlich zu machen.

Geduld ist bitter,
aber die Frucht ist süß.
Französisches Sprichwort

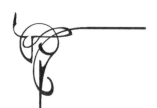
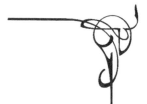

22. NOVEMBER

Die strengsten Kritiker sind wir uns selbst, indem wir ständig unsere eigenen Gefühle bewerten und nach der Bewertung, die wir erlernt haben, leben.

Es ist noch nicht aller Tage Abend.
(Nondum umnium dierum solem occidisse.)
Titus Livius

23. NOVEMBER

Wir denken selten bei dem Licht an Finsternis, beim Glück an Elend; bei der Zufriedenheit an Schmerz; aber umgekehrt jederzeit.

Verzweiflung ist der größte unserer Irrtümer.
Luc de Clapiers de Vauvenargues

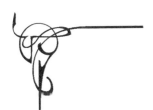

24. NOVEMBER

Vorbehalte sind die Stoßdämpfer gegen allzu plötzliche Enttäuschungen.

Wir Menschen sind durch unsere Zweifel verbunden
und durch unsere Überzeugungen getrennt.

Peter Ustinov

25. NOVEMBER

Ein Privileg ist immer unabhängig von sozialer Stellung: Es ist das Privileg der Tüchtigkeit. Jeder kann es erwerben.

Armut ist keine Schande –
aber das ist auch schon das Beste,
was man darüber sagen kann.

Jüdisches Sprichwort

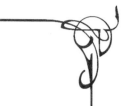

26. NOVEMBER

Wenn du den Wert des Geldes kennenlernen willst, versuche, dir welches zu leihen.

*Das Kennzeichen des unreifen Menschen ist,
dass er für eine Sache nobel sterben will,
während der reife Mensch bescheiden
für eine Sache leben möchte.*
Wilhelm Stekel

27. NOVEMBER

Verletzende Worte solltest du aufgeben. Kritisiere nur, um zu helfen und zu fördern. Das ist Mitgefühl.

Das Staunen ist die Triebfeder jeder Entdeckung.
Cesare Pavese

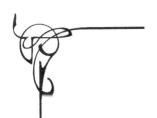
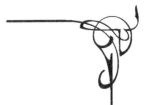

28. NOVEMBER

Wer immer unzufrieden ist, der taugt nichts. Immer Unzufriedene sind dünkelhaft und boshaft dazu. Und während sie sich über andere lustig machen, lassen sie selbst viel zu wünschen übrig.

*Das Familienleben ist ein
Eingriff in das Privatleben.*
Karl Kraus

29. NOVEMBER

Im Laufe des Lebens verliert alles seine Reize wie seine Schrecken; nur eines hören wir nie auf zu fürchten: das Unbekannte.

Bewundern heißt erkennen.
Antoine de Saint-Exupéry

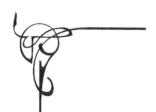
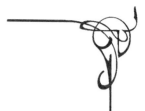

30. NOVEMBER

Die Mutter der Weisheit hat verschieden illegitime Kinder, vor denen wir uns hüten müssen; sie heißen: Unentschlossenheit, Schwäche, Furcht und Zweifel.

Den Blick in die Welt kann man sich auch
mit einer Zeitung versperren.

Stanislaw Lec

1. DEZEMBER

Zu viel Fleiß im Kleinen macht meistens unfähig zum Großen.

Der Charakter ruht auf der Persönlichkeit,
nicht auf den Talenten.

Johann Wolfgang von Goethe,
West-östlicher Diwan

2. DEZEMBER

Wer die Freiheit aufgibt, um Sicherheit zu gewinnen, wird am Ende beides verlieren.

Ausnahmen sind nicht immer die Bestätigung einer Regel;
sie können auch die Vorboten einer neuen Regel sein.
Marie von Ebner-Eschenbach

3. DEZEMBER

Das Gute, das man hat, nimmt man als selbstverständlich hin, und von dem, was einem fehlt, macht man mehr, als man bei richtiger und dankbarer Betrachtung daraus machen sollte.

Alt werden heißt, sich über sich selbst klar werden
und sich beschränken.
Simone de Beauvoir

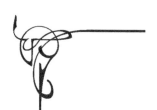
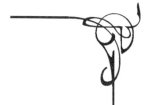

4. DEZEMBER

Wir lassen uns viel leichter etwas einreden als sagen.

Der Mensch sollte nicht gesünder leben,
als ihm guttut.
Werner Mitsch

5. DEZEMBER

Angst macht krank. Sie macht meistens mehr krank als das, was man befürchtet. Angst verbraucht Energie. Sie lähmt heute die Kräfte, die man morgen nötig hätte, um das Unglück durchzustehen.

Der, den der Tod nicht weiser macht,
hat nie mit Ernst an ihn gedacht.
Christian Fürchtegott Gellert

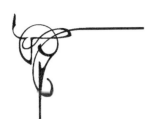
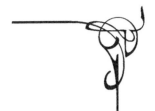

6. DEZEMBER

Vorsicht ist, was wir bei anderen Feigheit nennen.

Die ersten vierzig Jahre des Lebens
liefern den Text,
die folgenden dreißig
den Kommentar dazu.
Arthur Schopenhauer

7. DEZEMBER

Wer der Meinung ist, dass man für Geld alles haben kann, gerät
leicht in den Verdacht, dass er für Geld alles zu tun bereit ist.

Die Kritik muss der Kunst dienen,
nicht umgekehrt.
Marcel Reich-Ranicki

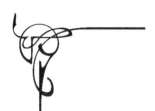
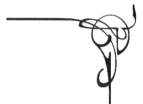

8. DEZEMBER

Nichts hat die Welt nötiger als Tüchtigkeit, und nichts vermag sie weniger zu ertragen.

Der ist der glücklichste Mensch,
der das Ende seines Lebens
mit dem Anfang in Verbindung setzen kann.

Johann Wolfgang von Goethe,
Maximen und Reflexionen

9. DEZEMBER

Hauptursachen für unsere Unzufriedenheit sind in erster Linie Nebensachen.

Der Teufel schläft nicht.

Fjodor Dostojewski

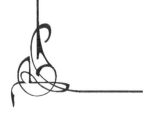

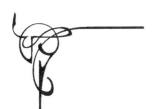

10. DEZEMBER

Zurechtweisung muss zur rechten Zeit geschehen; manchmal ist es klüger zu schweigen.

Die Wirklichkeit nimmt keine Rücksicht
auf unsere Illusionen.
Die Wand ist immer härter als der Kopf.
Rudolf Baring

11. DEZEMBER

Ängstlichkeit nimmt nicht dem Morgen seine Sorge, aber dem Heute seine Kraft.

Ein Geschäft, bei dem man nichts außer Geld verdient,
ist kein Geschäft.
Henry Ford

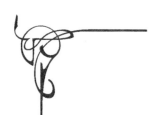

12. DEZEMBER

Halt dich entfernt, teil dich nicht jedem mit, und flieh die Schwätzer, Lungerer, Schmecker. Sieh nur, es ist ein kleiner Schritt vom Teller- bis zum Speichellecker.

> *Es gibt keine andere vernünftige Erziehung,*
> *als Vorbild sein, wenn es nicht anders geht,*
> *als abschreckendes.*
>
> Albert Einstein

13. DEZEMBER

Es gibt Augenblicke, in denen man nicht nur sehen, sondern ein Auge zudrücken muss.

> *Ein Tor ist immer willig, wenn eine Törin will.*
>
> Heinrich Heine

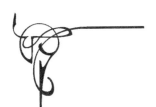
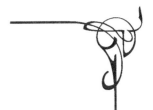

14. DEZEMBER

Wo Verstand und Herz zugleich sich regen, bringt der Fleiß
Erstaunliches zuwege.

Erfolg ist ein Gesetz der Serie,
und Misserfolge sind Zwischenergebnisse.
Wer weitermacht, kann gar nicht verhindern,
dass er irgendwann auch Erfolg hat.

Thomas A. Edison

15. DEZEMBER

Ewige Unzufriedenheit ist das mit Abstand wirkungsvollste
empfängnisverhütende Mittel gegen Augenblicke des Glücks.

Geduld ist die beste Arznei im Unglück.

Französisches Sprichwort

16. DEZEMBER

Liebe besteht nicht darin, dass man einander anschaut, sondern dass man gemeinsam in dieselbe Richtung blickt.

Eine Rede von zehn Minuten vorzubereiten,
kostet mich ein paar Wochen;
eine Rede von einer Stunde eine Woche,
und eine Rede von zwei Stunden
kann ich immer improvisieren.
Harold Wilson

17. DEZEMBER

Tüchtigkeit, nicht Geburt unterscheidet die Menschen.

Jedem Ende wohnt ein Anfang inne.
Hermann Hesse

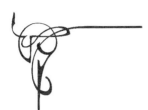
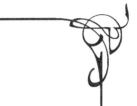

18. DEZEMBER

Viele Zeitgenossen wissen nichts von ihrer Doppelbegabung: Sie haben sowohl die Gabe, die Fehler ihrer Mitmenschen zu sehen, als auch die Gabe, die eigenen zu übersehen.

Im Alter versteht man besser,
die Unglücksfälle zu verhüten,
in der Jugend, sie zu ertragen.
Arthur Schopenhauer

19. DEZEMBER

Die Zehn Gebote Gottes sind deshalb so eindeutig, weil sie nicht erst auf einer Konferenz beschlossen wurden.

Umsonst ist nur der Speck in der Mausefalle.
Russisches Sprichwort

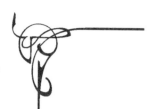
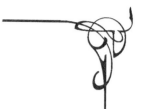

20. DEZEMBER

Wenn auf der Erde die Liebe herrschte, wären alle Gesetze entbehrlich.

Meine Mängel gehören mir.
Das macht mir Mut,
auch meine Vorzüge anzusprechen.
Karl Kraus

21. DEZEMBER

Angst und Furcht ist der Glaube an das Böse; glaube besser an das Gute.

Nichts ist mächtiger als eine Idee,
deren Zeit gekommen ist.
Victor Hugo

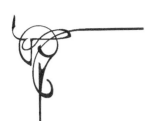
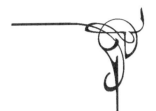

22. DEZEMBER

Fünf Vorsätze für den Tag: Ich will bei der Wahrheit bleiben. Ich will mich keiner Ungerechtigkeit beugen. Ich will frei sein von Furcht. Ich will keine Gewalt anwenden. Ich will in jedem zuerst das Gute sehen.

Wende dein Gesicht immer der Sonne zu,
dann fallen die Schatten hinter dich.
Thailändisches Sprichwort

23. DEZEMBER

Die Kritik an anderen hat noch keinem die eigene Leistung erspart.

Autodidakten übertreiben immer.
Theodor Fontane

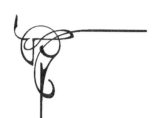
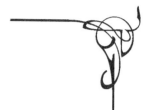

24. DEZEMBER

Mit der Tüchtigkeit ist es wie mit einer geometrischen Reihe. Wenn man in seinem Fach nur um 10 Prozent besser ist als die anderen, kommt man um 100 Prozent weiter.

Man wirkt nicht durch das,
was man meint, möchte oder beabsichtigt.
Man wirkt durch das, was man wirklich kann, tut und ist.
Georg Christoph Lichtenberg

25. DEZEMBER

Ist die Zeit das Kostbarste unter allem, so ist Zeitverschwendung die allergrößte Verschwendung.

Alt werden, heißt: sehend werden.
Marie von Ebner-Eschenbach

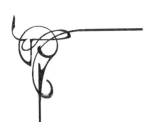
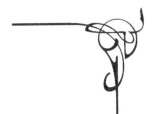

26. DEZEMBER

Es gibt Menschen, die nie zufrieden sind; sie möchten bald diesem, bald jenem ihre Meinung und ihr Anliegen sagen; bald den einen, bald den andern um Rat fragen – doch nur, was sie wollen.

Wer aufhört zu lernen, ist alt.
Er mag zwanzig oder achtzig Jahre alt sein.
Henry Ford

27. DEZEMBER

Vergewissere dich, wenn du die Meinung eines anderen zurückweist, dass du wirklich nur die Meinung zurückweist, nicht den Menschen.

Geduld ist die Grundlage jeder Weisheit.
Sokrates

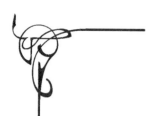
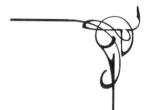

28. DEZEMBER

Was Macht hat, mich zu verletzen, ist nicht halb so stark wie mein Gefühl, verletzt werden zu können.

*Management ist nichts anderes
als die Kunst,
andere Menschen zu motivieren.*
Lee Iacocca

29. DEZEMBER

Das sind die Starken, die unter Tränen lachen, eigene Sorgen verbergen und andere glücklich machen.

*Lesen ohne Nachdenken
ist wie Essen ohne Verdauen.*
Edmund Burke

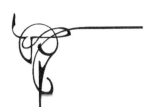
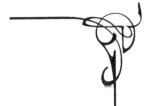

30. DEZEMBER

Was wäre das Leben, hätten wir nicht den Mut, etwas zu riskieren?

Management nennt man die Kunst,
drei Leute dazu zu bringen,
die Arbeit von drei Leuten zu verrichten.
William Faulkner

31. DEZEMBER

Monde und Jahre vergehen, aber ein schöner Moment leuchtet das Leben hindurch.

Man brauche gewöhnliche Worte
und sage ungewöhnliche Dinge.
Arthur Schopenhauer